기본 연산
Check-Book

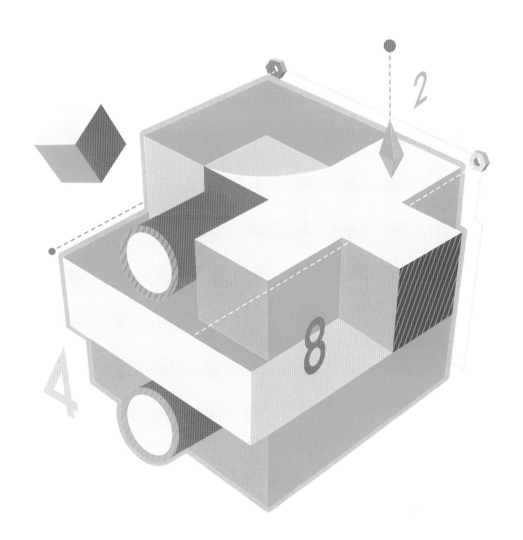

초등2

곱셈구구

❶ | 2 | 4 | 6 | 8 | 10 |

❷ | 5 | 10 | 15 | | |

❸ | 3 | 6 | 9 | | |

❹ | 4 | 8 | 12 | | |

❺ | 10 | 12 | 14 | | |

❻ | 25 | 30 | 35 | | |

❼ | 15 | 18 | 21 | | |

❽ | 16 | 20 | 24 | | |

❾ | 6 | 8 | 10 | | |

❿ | 15 | 20 | 25 | | |

⓫ | 9 | 12 | 15 | | |

⓬ | 12 | 16 | 20 | | |

⓭ | | | 6 | 8 | 10 |

⓮ | | | 15 | 20 | 25 |

⓯ | | | 9 | 12 | 15 |

⓰ | | | 12 | 16 | 20 |

⑰ | 2 | 4 | | | 10 |

⑱ | 5 | 10 | | | 25 |

⑲ | 3 | 6 | | | 15 |

⑳ | 4 | 8 | | | 20 |

㉑ | 6 | | | 12 | 14 |

㉒ | 15 | | | 30 | 35 |

㉓ | 9 | | | 18 | 21 |

㉔ | 12 | | | 24 | 28 |

㉕ | 10 | | | 16 | 18 |

㉖ | 25 | | | 40 | 45 |

㉗ | 15 | | | 24 | 27 |

㉘ | 16 | | | 28 | 32 |

㉙ | 4 | | 8 | | 12 |

㉚ | 10 | | 20 | | 30 |

㉛ | 6 | | 12 | | 18 |

㉜ | 8 | | 16 | | 24 |

❶ $3 \times 1 = \boxed{}$ ❷ $4 \times 2 = \boxed{}$ ❸ $2 \times 8 = \boxed{}$

❹ $4 \times 9 = \boxed{}$ ❺ $2 \times 5 = \boxed{}$ ❻ $3 \times 8 = \boxed{}$

❼ $5 \times 1 = \boxed{}$ ❽ $5 \times 2 = \boxed{}$ ❾ $4 \times 3 = \boxed{}$

❿ $3 \times 9 = \boxed{}$ ⓫ $3 \times 5 = \boxed{}$ ⓬ $2 \times 2 = \boxed{}$

⓭ $5 \times 3 = \boxed{}$ ⓮ $5 \times 9 = \boxed{}$ ⓯ $3 \times 4 = \boxed{}$

⓰ $2 \times 4 = \boxed{}$ ⓱ $4 \times 4 = \boxed{}$ ⓲ $5 \times 6 = \boxed{}$

⓳
$$\begin{array}{r} 5 \\ \times\ 7 \\ \hline \end{array}$$

⓴
$$\begin{array}{r} 2 \\ \times\ 9 \\ \hline \end{array}$$

㉑
$$\begin{array}{r} 4 \\ \times\ 6 \\ \hline \end{array}$$

㉒
$$\begin{array}{r} 5 \\ \times\ 5 \\ \hline \end{array}$$

㉓
$$\begin{array}{r} 3 \\ \times\ 4 \\ \hline \end{array}$$

㉔
$$\begin{array}{r} 2 \\ \times\ 5 \\ \hline \end{array}$$

㉕
$$\begin{array}{r} 5 \\ \times\ 3 \\ \hline \end{array}$$

㉖
$$\begin{array}{r} 2 \\ \times\ 7 \\ \hline \end{array}$$

㉗ $3 \times 6 = \boxed{}$ ㉘ $4 \times 1 = \boxed{}$ ㉙ $2 \times 6 = \boxed{}$

㉚ $5 \times 5 = \boxed{}$ ㉛ $2 \times 1 = \boxed{}$ ㉜ $4 \times 6 = \boxed{}$

㉝ $4 \times 7 = \boxed{}$ ㉞ $5 \times 7 = \boxed{}$ ㉟ $3 \times 3 = \boxed{}$

㊱ $3 \times 2 = \boxed{}$ ㊲ $5 \times 4 = \boxed{}$ ㊳ $2 \times 9 = \boxed{}$

㊴ $2 \times 7 = \boxed{}$ ㊵ $4 \times 5 = \boxed{}$ ㊶ $5 \times 8 = \boxed{}$

㊷ $4 \times 8 = \boxed{}$ ㊸ $3 \times 7 = \boxed{}$ ㊹ $2 \times 3 = \boxed{}$

㊺
$$\begin{array}{r} 3 \\ \times\ 8 \\ \hline \boxed{} \end{array}$$

㊻
$$\begin{array}{r} 4 \\ \times\ 7 \\ \hline \boxed{} \end{array}$$

㊼
$$\begin{array}{r} 4 \\ \times\ 3 \\ \hline \boxed{} \end{array}$$

㊽
$$\begin{array}{r} 2 \\ \times\ 8 \\ \hline \boxed{} \end{array}$$

㊾
$$\begin{array}{r} 5 \\ \times\ 9 \\ \hline \boxed{} \end{array}$$

㊿
$$\begin{array}{r} 4 \\ \times\ 4 \\ \hline \boxed{} \end{array}$$

51
$$\begin{array}{r} 3 \\ \times\ 6 \\ \hline \boxed{} \end{array}$$

52
$$\begin{array}{r} 3 \\ \times\ 5 \\ \hline \boxed{} \end{array}$$

자르는 선

6~9 곱셈식

❶ | 6 | 12 | 18 | 24 | 30 |

❷ | 7 | 14 | 21 | | |

❸ | 8 | 16 | 24 | | |

❹ | 9 | 18 | 27 | | |

❺ | 30 | 36 | 42 | | |

❻ | 35 | 42 | 49 | | |

❼ | 40 | 48 | 56 | | |

❽ | 45 | 54 | 63 | | |

❾ | 18 | 24 | 30 | | |

❿ | 21 | 28 | 35 | | |

⓫ | 24 | 32 | 40 | | |

⓬ | 27 | 36 | 45 | | |

⓭ | | | 18 | 24 | 30 |

⓮ | | | 21 | 28 | 35 |

⓯ | | | 24 | 32 | 40 |

⓰ | | | 27 | 36 | 45 |

⑰ | 6 | 12 | | | 30 |

⑱ | 8 | 16 | | | 40 |

⑲ | 9 | 18 | | | 45 |

⑳ | 7 | 14 | | | 35 |

㉑ | 35 | | | 56 | 63 |

㉒ | 45 | | | 72 | 81 |

㉓ | 30 | | | 48 | 54 |

㉔ | 40 | | | 64 | 72 |

㉕ | | 28 | 35 | | 49 |

㉖ | | 32 | 40 | | 56 |

㉗ | | 36 | 45 | | 63 |

㉘ | | 24 | 30 | | 42 |

㉙ | 6 | | 18 | | 30 |

㉚ | 9 | | 27 | | 45 |

㉛ | 7 | | 21 | | 35 |

㉜ | 8 | | 24 | | 40 |

❶ $7 \times 1 = \boxed{}$　　❷ $6 \times 4 = \boxed{}$　　❸ $8 \times 1 = \boxed{}$

❹ $8 \times 5 = \boxed{}$　　❺ $9 \times 5 = \boxed{}$　　❻ $7 \times 2 = \boxed{}$

❼ $6 \times 5 = \boxed{}$　　❽ $7 \times 7 = \boxed{}$　　❾ $8 \times 4 = \boxed{}$

❿ $9 \times 6 = \boxed{}$　　⓫ $6 \times 3 = \boxed{}$　　⓬ $9 \times 7 = \boxed{}$

⓭ $9 \times 9 = \boxed{}$　　⓮ $9 \times 4 = \boxed{}$　　⓯ $7 \times 6 = \boxed{}$

⓰ $7 \times 4 = \boxed{}$　　⓱ $8 \times 6 = \boxed{}$　　⓲ $6 \times 8 = \boxed{}$

⓳
$$\begin{array}{r} 7 \\ \times\ 4 \\ \hline \boxed{} \end{array}$$

⓴
$$\begin{array}{r} 6 \\ \times\ 3 \\ \hline \boxed{} \end{array}$$

㉑
$$\begin{array}{r} 9 \\ \times\ 2 \\ \hline \boxed{} \end{array}$$

㉒
$$\begin{array}{r} 8 \\ \times\ 3 \\ \hline \boxed{} \end{array}$$

㉓
$$\begin{array}{r} 9 \\ \times\ 6 \\ \hline \boxed{} \end{array}$$

㉔
$$\begin{array}{r} 6 \\ \times\ 9 \\ \hline \boxed{} \end{array}$$

㉕
$$\begin{array}{r} 8 \\ \times\ 8 \\ \hline \boxed{} \end{array}$$

㉖
$$\begin{array}{r} 7 \\ \times\ 2 \\ \hline \boxed{} \end{array}$$

자르는 선

㉗ $6 \times 9 =$ ⬚   ㉘ $8 \times 8 =$ ⬚   ㉙ $7 \times 5 =$ ⬚

㉚ $8 \times 3 =$ ⬚   ㉛ $9 \times 1 =$ ⬚   ㉜ $6 \times 2 =$ ⬚

㉝ $7 \times 8 =$ ⬚   ㉞ $6 \times 1 =$ ⬚   ㉟ $9 \times 2 =$ ⬚

㊱ $8 \times 9 =$ ⬚   ㊲ $7 \times 3 =$ ⬚   ㊳ $8 \times 2 =$ ⬚

㊴ $6 \times 6 =$ ⬚   ㊵ $9 \times 8 =$ ⬚   ㊶ $6 \times 7 =$ ⬚

㊷ $9 \times 3 =$ ⬚   ㊸ $7 \times 9 =$ ⬚   ㊹ $8 \times 9 =$ ⬚

㊺
$$\begin{array}{r} 9 \\ \times\ 8 \\ \hline \end{array}$$

㊻
$$\begin{array}{r} 8 \\ \times\ 7 \\ \hline \end{array}$$

㊼
$$\begin{array}{r} 7 \\ \times\ 7 \\ \hline \end{array}$$

㊽
$$\begin{array}{r} 6 \\ \times\ 5 \\ \hline \end{array}$$

㊾
$$\begin{array}{r} 8 \\ \times\ 2 \\ \hline \end{array}$$

㊿
$$\begin{array}{r} 6 \\ \times\ 6 \\ \hline \end{array}$$

51
$$\begin{array}{r} 7 \\ \times\ 3 \\ \hline \end{array}$$

52
$$\begin{array}{r} 9 \\ \times\ 3 \\ \hline \end{array}$$

자르는 선

❶ $7 \times 2 =$ ☐   ❷ $9 \times 5 =$ ☐   ❸ $8 \times 9 =$ ☐

❹ $4 \times 9 =$ ☐   ❺ $5 \times 9 =$ ☐   ❻ $5 \times 2 =$ ☐

❼ $8 \times 2 =$ ☐   ❽ $4 \times 5 =$ ☐   ❾ $7 \times 3 =$ ☐

❿ $2 \times 5 =$ ☐   ⓫ $3 \times 9 =$ ☐   ⓬ $9 \times 6 =$ ☐

⓭ $9 \times 4 =$ ☐   ⓮ $5 \times 8 =$ ☐   ⓯ $7 \times 7 =$ ☐

⓰ $6 \times 6 =$ ☐   ⓱ $8 \times 7 =$ ☐   ⓲ $4 \times 8 =$ ☐

⓳ $\begin{array}{r} 7 \\ \times\ 6 \\ \hline \end{array}$ ⓴ $\begin{array}{r} 8 \\ \times\ 6 \\ \hline \end{array}$ ㉑ $\begin{array}{r} 5 \\ \times\ 5 \\ \hline \end{array}$ ㉒ $\begin{array}{r} 9 \\ \times\ 7 \\ \hline \end{array}$

㉓ $\begin{array}{r} 3 \\ \times\ 8 \\ \hline \end{array}$ ㉔ $\begin{array}{r} 2 \\ \times\ 9 \\ \hline \end{array}$ ㉕ $\begin{array}{r} 6 \\ \times\ 7 \\ \hline \end{array}$ ㉖ $\begin{array}{r} 4 \\ \times\ 3 \\ \hline \end{array}$

월 일

㉗ $6 \times 5 = \square$

㉘ $7 \times 9 = \square$

㉙ $8 \times 4 = \square$

㉚ $8 \times 3 = \square$

㉛ $5 \times 7 = \square$

㉜ $6 \times 9 = \square$

㉝ $5 \times 3 = \square$

㉞ $9 \times 9 = \square$

㉟ $4 \times 6 = \square$

㊱ $7 \times 8 = \square$

㊲ $4 \times 7 = \square$

㊳ $9 \times 2 = \square$

㊴ $9 \times 8 = \square$

㊵ $8 \times 8 = \square$

㊶ $5 \times 6 = \square$

㊷ $6 \times 4 = \square$

㊸ $7 \times 4 = \square$

㊹ $6 \times 2 = \square$

㊺ $\begin{array}{r} 5 \\ \times \ 4 \\ \hline \square \end{array}$

㊻ $\begin{array}{r} 9 \\ \times \ 3 \\ \hline \square \end{array}$

㊼ $\begin{array}{r} 4 \\ \times \ 2 \\ \hline \square \end{array}$

㊽ $\begin{array}{r} 6 \\ \times \ 8 \\ \hline \square \end{array}$

㊾ $\begin{array}{r} 8 \\ \times \ 5 \\ \hline \square \end{array}$

㊿ $\begin{array}{r} 6 \\ \times \ 3 \\ \hline \square \end{array}$

(51) $\begin{array}{r} 7 \\ \times \ 5 \\ \hline \square \end{array}$

(52) $\begin{array}{r} 3 \\ \times \ 7 \\ \hline \square \end{array}$

자르는 선

❶
×	6	7
2	12	14
3	18	21

❷
×	5	8
4		
7		

❸
×	2	4
5		
8		

❹
×	3	9
4		
5		

❺
×	4	7
6		
9		

❻
×	2	8
3		
2		

❼
×	5	6
6		
7		

❽
×	3	8
3		
8		

❾
×	4	9
4		
6		

❿
×	4	8
8		
9		

⓫
×	2	6
2		
5		

⓬
×	3	7
9		
8		

⑬
×	3	9
4		
8		

⑭
×	7	4
5		
3		

⑮
×	8	2
2		
9		

⑯
×	7	3
5		
6		

⑰
×	6	2
4		
7		

⑱
×	8	4
3		
8		

⑲
×	2	8
3		
7		

⑳
×	3	9
9		
8		

㉑
×	5	7
4		
6		

㉒
×	4	6
9		
2		

㉓
×	5	8
6		
2		

㉔
×	3	9
7		
5		

❶ $6 \times \boxed{} = 12$ ❷ $7 \times \boxed{} = 28$ ❸ $4 \times \boxed{} = 32$

❹ $5 \times \boxed{} = 30$ ❺ $8 \times \boxed{} = 64$ ❻ $7 \times \boxed{} = 49$

❼ $9 \times \boxed{} = 18$ ❽ $4 \times \boxed{} = 28$ ❾ $9 \times \boxed{} = 54$

❿ $4 \times \boxed{} = 24$ ⓫ $9 \times \boxed{} = 81$ ⓬ $7 \times \boxed{} = 21$

⓭ $6 \times \boxed{} = 54$ ⓮ $5 \times \boxed{} = 35$ ⓯ $5 \times \boxed{} = 10$

⓰ $8 \times \boxed{} = 32$ ⓱ $7 \times \boxed{} = 63$ ⓲ $8 \times \boxed{} = 72$

⓳
$$\begin{array}{r} 3 \\ \times\ \boxed{} \\ \hline 2\ 1 \end{array}$$

⓴
$$\begin{array}{r} 7 \\ \times\ \boxed{} \\ \hline 3\ 5 \end{array}$$

㉑
$$\begin{array}{r} 6 \\ \times\ \boxed{} \\ \hline 1\ 8 \end{array}$$

㉒
$$\begin{array}{r} 4 \\ \times\ \boxed{} \\ \hline 8 \end{array}$$

㉓
$$\begin{array}{r} 9 \\ \times\ \boxed{} \\ \hline 2\ 7 \end{array}$$

㉔
$$\begin{array}{r} 9 \\ \times\ \boxed{} \\ \hline 6\ 3 \end{array}$$

㉕
$$\begin{array}{r} 3 \\ \times\ \boxed{} \\ \hline 2\ 4 \end{array}$$

㉖
$$\begin{array}{r} 7 \\ \times\ \boxed{} \\ \hline 4\ 2 \end{array}$$

7주 곱셈 문제 해결 (1)

월 일

㉗ $7 \times \square = 14$ ㉘ $6 \times \square = 30$ ㉙ $6 \times \square = 36$

㉚ $9 \times \square = 45$ ㉛ $8 \times \square = 24$ ㉜ $8 \times \square = 56$

㉝ $4 \times \square = 36$ ㉞ $6 \times \square = 24$ ㉟ $9 \times \square = 36$

㊱ $5 \times \square = 45$ ㊲ $9 \times \square = 72$ ㊳ $5 \times \square = 40$

㊴ $8 \times \square = 16$ ㊵ $7 \times \square = 56$ ㊶ $2 \times \square = 10$

㊷ $4 \times \square = 20$ ㊸ $5 \times \square = 15$ ㊹ $3 \times \square = 27$

㊺ $\begin{array}{r} 6 \\ \times \ \square \\ \hline 48 \end{array}$ ㊻ $\begin{array}{r} 8 \\ \times \ \square \\ \hline 40 \end{array}$ ㊼ $\begin{array}{r} 6 \\ \times \ \square \\ \hline 42 \end{array}$ ㊽ $\begin{array}{r} 8 \\ \times \ \square \\ \hline 48 \end{array}$

㊾ $\begin{array}{r} 2 \\ \times \ \square \\ \hline 18 \end{array}$ ㊿ $\begin{array}{r} 5 \\ \times \ \square \\ \hline 25 \end{array}$ (51) $\begin{array}{r} 5 \\ \times \ \square \\ \hline 20 \end{array}$ (52) $\begin{array}{r} 4 \\ \times \ \square \\ \hline 12 \end{array}$

자르는 선

곱셈 문제 해결 (2)

❶ $2 \times 5 = 10$
$5 \times 2 = 10$

❷ $\square \times \square = 63$
$\square \times \square = 63$

❸ $\square \times \square = 40$
$\square \times \square = 40$

❹ $\square \times \square = 72$
$\square \times \square = 72$

❺ $\square \times \square = 9$
$\square \times \square = 9$
$\square \times \square = 9$

❻ $\square \times \square = 16$
$\square \times \square = 16$
$\square \times \square = 16$

❼ $\square \times \square = 18$
$\square \times \square = 18$
$\square \times \square = 18$
$\square \times \square = 18$

❽ $\square \times \square = 24$
$\square \times \square = 24$
$\square \times \square = 24$
$\square \times \square = 24$

❾ □ × □ =15
□ × □ =15

❿ □ × □ =42
□ × □ =42

⓫ □ × □ =20
□ × □ =20

⓬ □ × □ =32
□ × □ =32

⓭ □ × □ =25

⓮ □ × □ =64

⓯ □ × □ =27
□ × □ =27

⓰ □ × □ =35
□ × □ =35

⓱ □ × □ =45
□ × □ =45

⓲ □ × □ =54
□ × □ =54

⓳ □ × □ =28
□ × □ =28

⓴ □ × □ =56
□ × □ =56

자르는 선

정 답

1주 2~5 곱셈식

1~2쪽

① 8, 10 ② 20, 25 ③ 12, 15 ④ 16, 20 ⑤ 16, 18 ⑥ 40, 45 ⑦ 24, 27 ⑧ 28, 32 ⑨ 12, 14
⑩ 30, 35 ⑪ 18, 21 ⑫ 24, 28 ⑬ 2, 4 ⑭ 5, 10 ⑮ 3, 6 ⑯ 4, 8 ⑰ 6, 8 ⑱ 15, 20
⑲ 9, 12 ⑳ 12, 16 ㉑ 8, 10 ㉒ 20, 25 ㉓ 12, 15 ㉔ 16, 20 ㉕ 12, 14 ㉖ 30, 35 ㉗ 18, 21
㉘ 20, 24 ㉙ 6, 10 ㉚ 15, 25 ㉛ 9, 15 ㉜ 12, 20

2주 2~5의 단 곱셈구구

3~4쪽

① 3 ② 8 ③ 16 ④ 36 ⑤ 10 ⑥ 24 ⑦ 5 ⑧ 10 ⑨ 12 ⑩ 27 ⑪ 15 ⑫ 4
⑬ 15 ⑭ 45 ⑮ 12 ⑯ 8 ⑰ 16 ⑱ 30 ⑲ 35 ⑳ 18 ㉑ 24 ㉒ 25 ㉓ 12 ㉔ 10
㉕ 15 ㉖ 14 ㉗ 18 ㉘ 4 ㉙ 12 ㉚ 25 ㉛ 2 ㉜ 24 ㉝ 28 ㉞ 35 ㉟ 9 ㊱ 6
㊲ 20 ㊳ 18 ㊴ 14 ㊵ 20 ㊶ 40 ㊷ 32 ㊸ 21 ㊹ 6 ㊺ 24 ㊻ 28 ㊼ 12 ㊽ 16
㊾ 45 ㊿ 16 (51) 18 (52) 15

3주 6~9 곱셈식

5~6쪽

① 24, 30 ② 28, 35 ③ 32, 40 ④ 36, 45 ⑤ 48, 54 ⑥ 56, 63 ⑦ 64, 72 ⑧ 72, 81 ⑨ 36, 42
⑩ 42, 49 ⑪ 48, 56 ⑫ 54, 63 ⑬ 6, 12 ⑭ 7, 14 ⑮ 8, 16 ⑯ 9, 18 ⑰ 18, 24 ⑱ 24, 32
⑲ 27, 36 ⑳ 21, 28 ㉑ 42, 49 ㉒ 54, 63 ㉓ 36, 42 ㉔ 48, 56 ㉕ 21, 42 ㉖ 24, 48 ㉗ 27, 54
㉘ 18, 36 ㉙ 12, 24 ㉚ 18, 36 ㉛ 14, 28 ㉜ 16, 32

4주 6~9의 단 곱셈구구

7~8쪽

① 7 ② 24 ③ 8 ④ 40 ⑤ 45 ⑥ 14 ⑦ 30 ⑧ 49 ⑨ 32 ⑩ 54 ⑪ 18 ⑫ 63
⑬ 81 ⑭ 36 ⑮ 42 ⑯ 28 ⑰ 48 ⑱ 48 ⑲ 28 ⑳ 18 ㉑ 18 ㉒ 24 ㉓ 54 ㉔ 54
㉕ 64 ㉖ 14 ㉗ 54 ㉘ 64 ㉙ 35 ㉚ 24 ㉛ 9 ㉜ 12 ㉝ 56 ㉞ 6 ㉟ 18 ㊱ 72
㊲ 21 ㊳ 16 ㊴ 36 ㊵ 72 ㊶ 42 ㊷ 27 ㊸ 63 ㊹ 72 ㊺ 72 ㊻ 56 ㊼ 49 ㊽ 30
㊾ 16 ㊿ 36 (51) 21 (52) 27

5주 곱셈구구 (1)

9~10쪽

① 14 ② 45 ③ 72 ④ 36 ⑤ 45 ⑥ 10 ⑦ 16 ⑧ 20 ⑨ 21 ⑩ 10 ⑪ 27 ⑫ 54
⑬ 36 ⑭ 40 ⑮ 49 ⑯ 36 ⑰ 56 ⑱ 32 ⑲ 42 ⑳ 48 ㉑ 25 ㉒ 63 ㉓ 24 ㉔ 18
㉕ 42 ㉖ 12 ㉗ 30 ㉘ 63 ㉙ 32 ㉚ 24 ㉛ 35 ㉜ 54 ㉝ 15 ㉞ 81 ㉟ 24 ㊱ 56
㊲ 28 ㊳ 18 ㊴ 72 ㊵ 64 ㊶ 30 ㊷ 24 ㊸ 28 ㊹ 12 ㊺ 20 ㊻ 27 ㊼ 8 ㊽ 48
㊾ 40 ㊿ 18 (51) 35 (52) 21

6주 곱셈구구 (2)

11~12쪽

① 12, 14, 18, 21 ② 20, 32, 35, 56 ③ 10, 20, 16, 32 ④ 12, 36, 15, 45
⑤ 24, 42, 36, 63 ⑥ 6, 24, 4, 16 ⑦ 30, 36, 35, 42 ⑧ 9, 24, 24, 64
⑨ 16, 36, 24, 54 ⑩ 32, 64, 36, 72 ⑪ 4, 12, 10, 30 ⑫ 27, 63, 24, 56
⑬ 12, 36, 24, 72 ⑭ 35, 20, 21, 12 ⑮ 16, 4, 72, 18 ⑯ 35, 15, 42, 18
⑰ 24, 8, 42, 14 ⑱ 24, 12, 64, 32 ⑲ 6, 24, 14, 56 ⑳ 27, 81, 24, 72
㉑ 20, 28, 30, 42 ㉒ 36, 54, 8, 12 ㉓ 30, 48, 10, 16 ㉔ 21, 63, 15, 45

7주 곱셈 문제 해결 (1)

13~14쪽

① 2 ② 4 ③ 8 ④ 6 ⑤ 8 ⑥ 7 ⑦ 2 ⑧ 7 ⑨ 6 ⑩ 6 ⑪ 9 ⑫ 3
⑬ 9 ⑭ 7 ⑮ 2 ⑯ 4 ⑰ 9 ⑱ 9 ⑲ 7 ⑳ 5 ㉑ 3 ㉒ 2 ㉓ 3 ㉔ 7
㉕ 8 ㉖ 6 ㉗ 2 ㉘ 5 ㉙ 6 ㉚ 5 ㉛ 3 ㉜ 7 ㉝ 9 ㉞ 4 ㉟ 4 ㊱ 9
㊲ 8 ㊳ 8 ㊴ 2 ㊵ 8 ㊶ 5 ㊷ 5 ㊸ 3 ㊹ 9 ㊺ 8 ㊻ 5 ㊼ 7 ㊽ 6
㊾ 9 ㊿ 5 (51) 4 (52) 3

8주 곱셈 문제 해결 (2)

15~16쪽

① 2×5, 5×2 ② 7×9, 9×7 ③ 5×8, 8×5 ④ 8×9, 9×8 ⑤ 1×9, 3×3, 9×1
⑥ 2×8, 4×4, 8×2 ⑦ 2×9, 3×6, 6×3, 9×2 ⑧ 3×8, 4×6, 6×4, 8×3
⑨ 3×5, 5×3 ⑩ 6×7, 7×6 ⑪ 4×5, 5×4 ⑫ 4×8, 8×4 ⑬ 5×5 ⑭ 8×8
⑮ 3×9, 9×3 ⑯ 5×7, 7×5 ⑰ 5×9, 9×5 ⑱ 6×9, 9×6 ⑲ 4×7, 7×4 ⑳ 7×8, 8×7

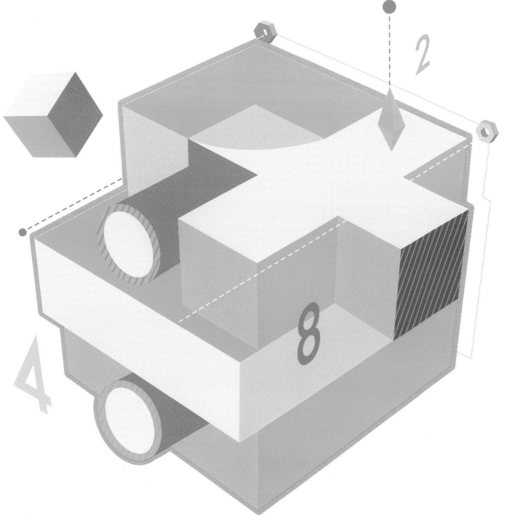

사고셈

초등2 3호

이 책의 **구성과 특징**

생각의 힘을 키우는 사고(思考)셈은 1주 4개, 8주 32개의 사고력 유형 학습을 통해 수와 연산에 대한 개념의 응용력(추론 및 문제해결능력)을 키울 수 있도록 하였습니다.

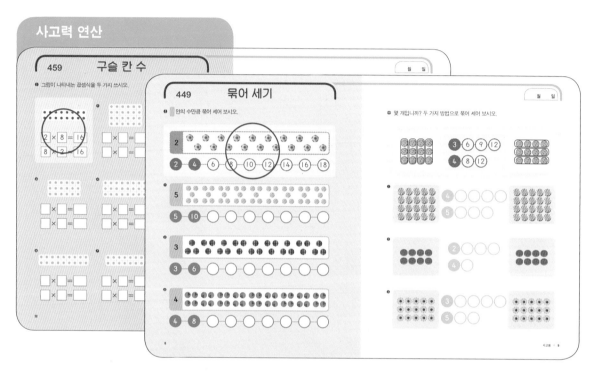

- 대표 사고력 유형으로 연산 원리를 쉽게쉽게
- 1~4일차: 다양한 유형의 주 진도 학습

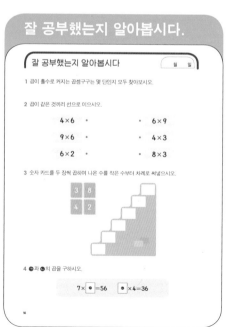

잘 공부했는지 알아봅시다.

- 5일차 점검 학습: 주 진도 학습 확인

기본연산 Check-Book

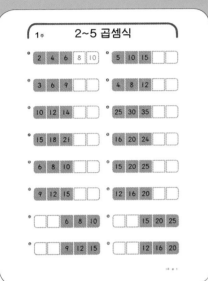

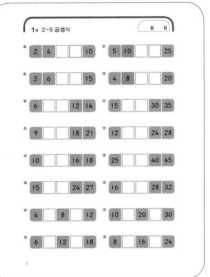

◈ 본 학습 전 기본연산 실력 진단

Guide Book(정답 및 해설)

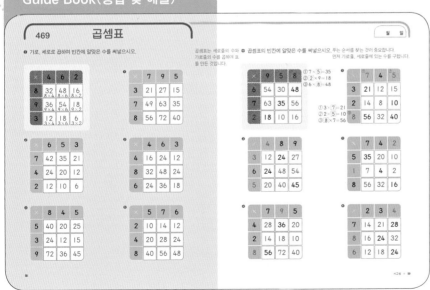

◈ 문제와 답을 한 눈에!

◈ 상세한 풀이와 친절한 해설, 답

학습 효과 및 활용법

········ ▲ 학습 효과

수학적 사고력 향상

생각의 다양성 향상

스스로 생각을 만드는 직관 학습

추론능력, 문제해결력 향상

연산의 원리 이해

수·연산 영역 완벽 대비

다양한 유형으로 수 조작력 향상

진도 학습 및 점검 학습으로
연산 학습 완성

사고셈

········ ▲ 주차별 활용법

1단계
기본연산
Check-Book으로
준비 학습

→

2단계
사고력 유형으로
진도 학습

→

3단계
마무리 문제로
점검 학습

1단계 : 기본연산 Check-Book으로 사고력 연산을 위한 준비 학습을 합니다.

2단계 : 사고력 유형으로 사고력 연산의 진도 학습을 합니다.

3단계 : 한 주마다 점검 학습(잘 공부했는지 알아봅시다)으로 사고력 향상을 확인합니다.

학습 구성

6세

1호	10까지의 수
2호	더하기 빼기 1과 2
3호	합이 9까지인 덧셈
4호	한 자리 수의 뺄셈과 세 수의 계산

7세

1호	한 자리 수의 덧셈과 뺄셈
2호	10 만들기
3호	50까지의 수
4호	더하기 빼기 1과 2, 10과 20

초등 1

1호	덧셈구구
2호	뺄셈구구와 덧셈, 뺄셈 혼합
3호	100까지의 수, 1000까지의 수
4호	받아올림, 받아내림 없는 두 자리 수의 계산

초등 2

1호	두 자리 수와 한 자리 수의 덧셈과 뺄셈
2호	두 자리 수의 덧셈과 뺄셈
3호	곱셈구구
4호	곱셈과 나눗셈 구구

초등 3

1호	세·네 자리 수의 덧셈과 뺄셈
2호	분수와 소수의 기초
3호	두 자리 수의 곱셈과 나눗셈
4호	분수

초등 4

1호	분수의 덧셈과 뺄셈
2호	혼합 계산
3호	소수의 덧셈과 뺄셈
4호	어림하기

이 책의 학습 로드맵

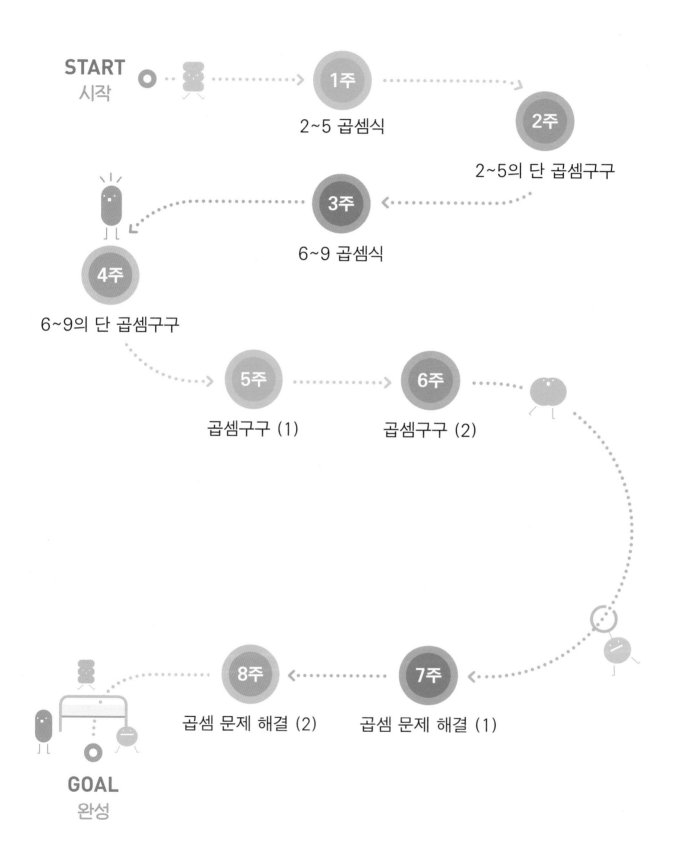

START
시작

1주
2~5 곱셈식

2주
2~5의 단 곱셈구구

3주
6~9 곱셈식

4주
6~9의 단 곱셈구구

5주
곱셈구구 (1)

6주
곱셈구구 (2)

7주
곱셈 문제 해결 (1)

8주
곱셈 문제 해결 (2)

GOAL
완성

1 2~5 곱셈식

묶어 세기

● ⬜ 안의 수만큼 묶어 세어 보시오.

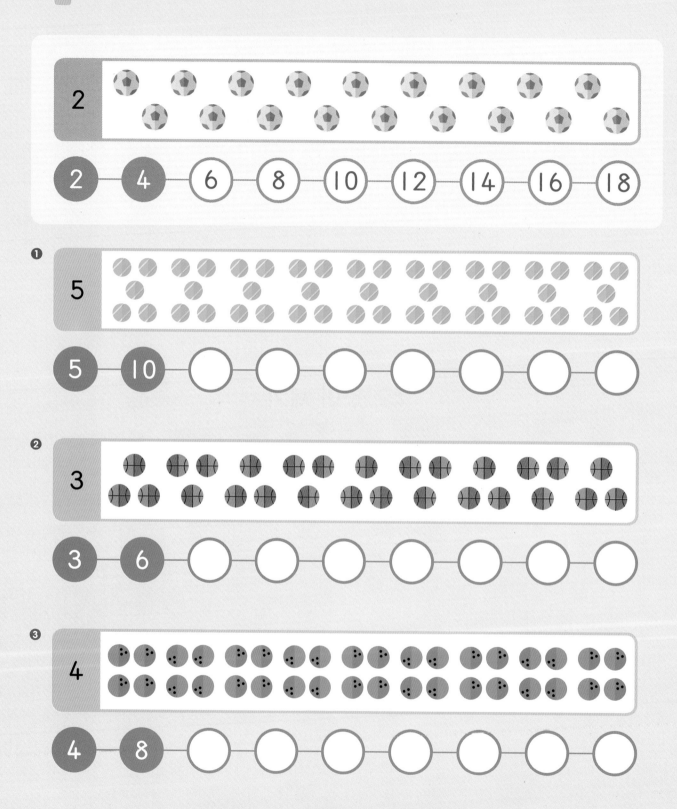

2

2 — 4 — 6 — 8 — 10 — 12 — 14 — 16 — 18

❶ 5

5 — 10 — ◯ — ◯ — ◯ — ◯ — ◯ — ◯ — ◯

❷ 3

3 — 6 — ◯ — ◯ — ◯ — ◯ — ◯ — ◯ — ◯

❸ 4

4 — 8 — ◯ — ◯ — ◯ — ◯ — ◯ — ◯ — ◯

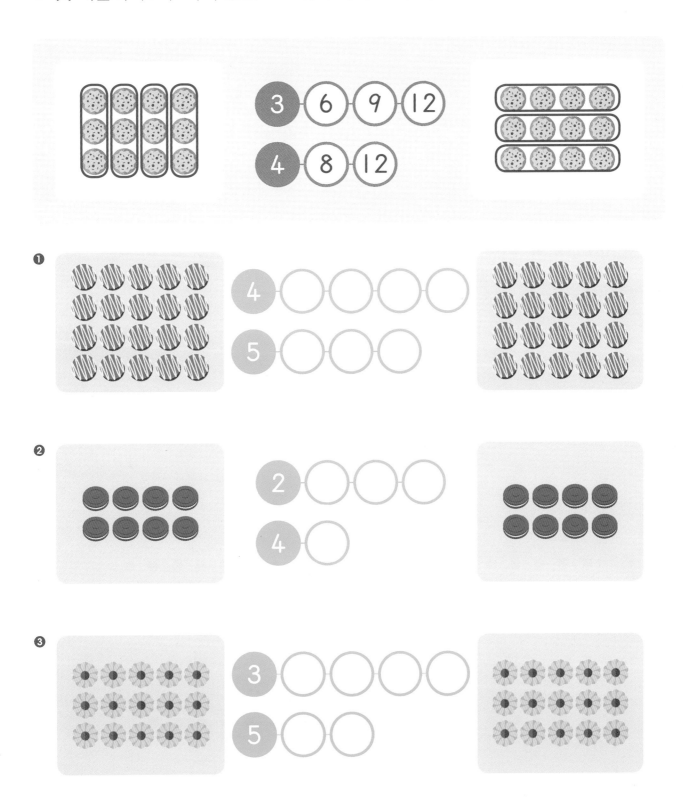

⊕ 몇 개입니까? 두 가지 방법으로 묶어 세어 보시오.

❶

4

5

❷

2

4

❸

3

5

뛰어 세기

● 빈칸에 알맞은 수를 써넣으시오.

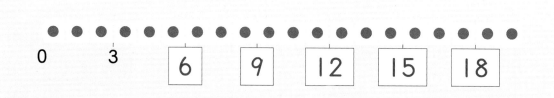

0 3 **6** **9** **12** **15** **18**

❶

0 2

❷

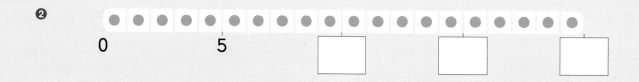

0 5

❸

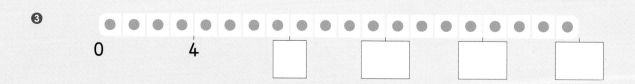

0 4

❹

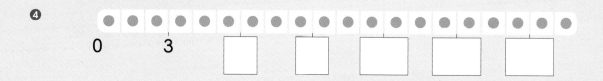

0 3

⊕ 빈칸에 알맞은 수를 써넣으시오.

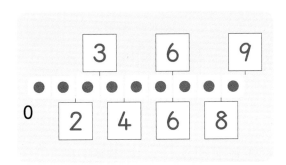

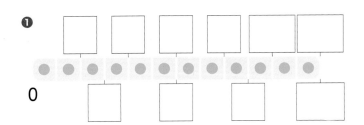

❷

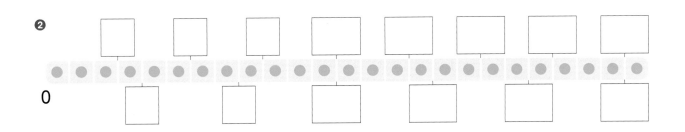

❸

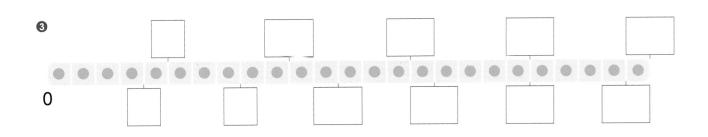

❹

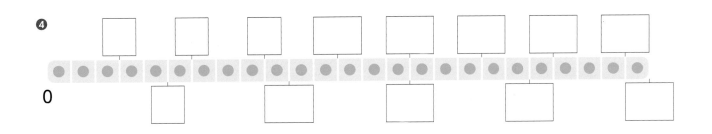

덧셈식과 곱셈식

● 그림을 보고 빈칸에 알맞은 수를 써넣으시오.

5씩 3묶음은 15 입니다.

5의 3배는 15 입니다.

덧셈식으로 나타내면

5 + 5 + 5 = 15

곱셈식으로 나타내면

5 × 3 = 15

❶

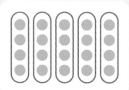

4씩 5묶음은 [ ] 입니다.

4의 5배는 [ ] 입니다.

덧셈식으로 나타내면

[ ] + [ ] + [ ] + [ ] + [ ]
= [ ]

곱셈식으로 나타내면

4 × [ ] = [ ]

❷

2씩 4묶음은 [ ] 입니다.

2의 4배는 [ ] 입니다.

덧셈식으로 나타내면

[ ] + [ ] + [ ] + [ ] = [ ]

곱셈식으로 나타내면

2 × [ ] = [ ]

❸

3씩 4묶음은 [ ] 입니다.

3의 4배는 [ ] 입니다.

덧셈식으로 나타내면

[ ] + [ ] + [ ] + [ ] = [ ]

곱셈식으로 나타내면

3 × [ ] = [ ]

● □ 안에 알맞은 수를 써넣으시오.

$$4+4+4=\boxed{12}$$
$$4\times\boxed{3}=\boxed{12}$$

❶
$$3+3+3+3+3=\boxed{}$$
$$3\times\boxed{}=\boxed{}$$

❷
$$5+5+5+5=\boxed{}$$
$$5\times\boxed{}=\boxed{}$$

❸
$$2+2+2+2+2+2=\boxed{}$$
$$2\times\boxed{}=\boxed{}$$

❹
$$3+3+3+3=\boxed{}$$
$$3\times\boxed{}=\boxed{}$$

❺
$$5+5+5+5+5=\boxed{}$$
$$5\times\boxed{}=\boxed{}$$

❻
$$2+2+2=\boxed{}$$
$$2\times\boxed{}=\boxed{}$$

❼
$$4+4+4+4+4+4=\boxed{}$$
$$4\times\boxed{}=\boxed{}$$

❽
$$5+5=\boxed{}$$
$$5\times\boxed{}=\boxed{}$$

❾
$$3+3+3+3+3+3+3=\boxed{}$$
$$3\times\boxed{}=\boxed{}$$

점판

● ☐ 안의 점의 수가 나타내는 곱셈식을 두 가지로 나타내시오.

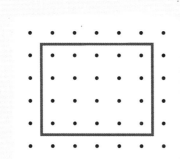

$$4 \times 5 = 20$$
$$5 \times 4 = 20$$

❶

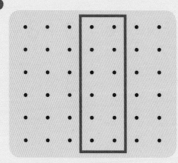

☐ × ☐ = ☐
☐ × ☐ = ☐

❷

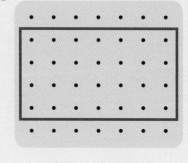

☐ × ☐ = ☐
☐ × ☐ = ☐

❸

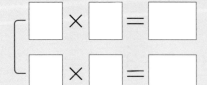

☐ × ☐ = ☐
☐ × ☐ = ☐

❹

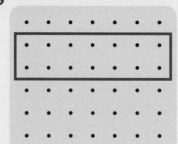

☐ × ☐ = ☐
☐ × ☐ = ☐

❺

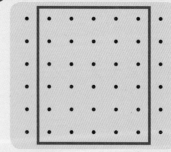

☐ × ☐ = ☐
☐ × ☐ = ☐

✜ ● 안의 두 수에 맞게 ▭를 그리고 두 가지 곱셈식으로 나타내시오.

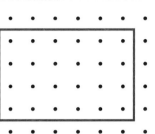

$$4 \times 6 = 24$$

$$6 \times 4 = 24$$

❶

❷

❸

❹

❺

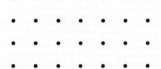

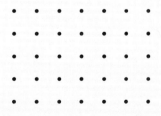

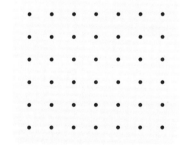

1 모두 몇 개인지 묶어 세어 보시오.

❶ **2**씩 몇 묶음입니까?

❷ **4**씩 몇 묶음입니까?

❸ **5**씩 몇 묶음입니까?

❹ 모두 몇 개입니까?

2 빈칸에 알맞은 수를 써넣으시오.

❶ **3**씩 **4**묶음은 ☐의 ☐배입니다.

❷ **3**의 **4**배는 **3＋3＋3＋3＝**☐입니다.

❸ 곱셈식으로 나타나면 ☐×☐＝☐입니다.

3 빈칸을 알맞게 채우시오.

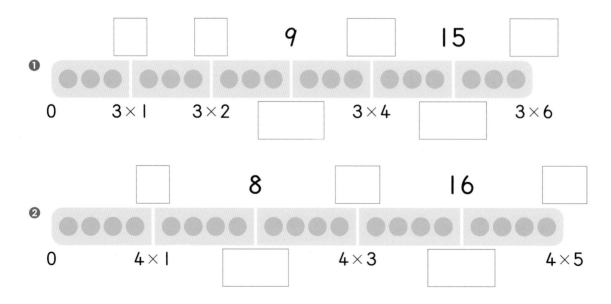

❶

| ☐ | ☐ | 9 | ☐ | 15 | ☐ |

0　　　3×1　　　3×2　　　☐　　　3×4　　　☐　　　3×6

❷

| ☐ | 8 | ☐ | 16 | ☐ |

0　　　4×1　　　☐　　　4×3　　　☐　　　4×5

2~5의 단 곱셈구구

구구단

● 빈칸에 알맞은 수를 써넣으시오.

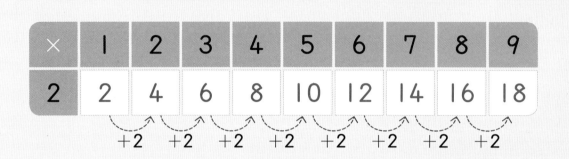

×	1	2	3	4	5	6	7	8	9
2	2	4	6	8	10	12	14	16	18

+2 +2 +2 +2 +2 +2 +2 +2

❶

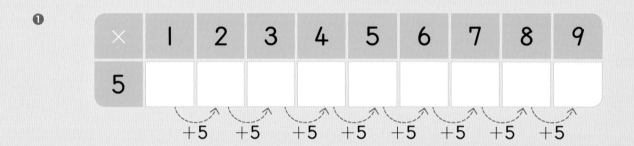

×	1	2	3	4	5	6	7	8	9
5									

+5 +5 +5 +5 +5 +5 +5 +5

❷

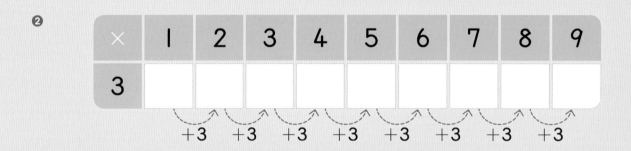

×	1	2	3	4	5	6	7	8	9
3									

+3 +3 +3 +3 +3 +3 +3 +3

❸

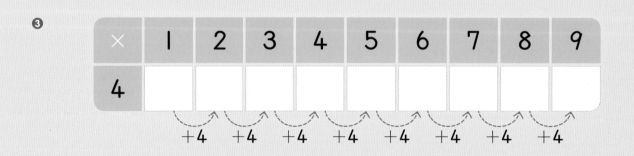

×	1	2	3	4	5	6	7	8	9
4									

+4 +4 +4 +4 +4 +4 +4 +4

⊕ 빈칸에 알맞은 수를 써넣으시오.

×	3	8	5	2
2	6	16	10	4

❶

×	2	7	1	6
5				

❷

×	5	3	7	9
3				

❸

×	2	7	8	9
4				

❹

×	8	7	3	9
5				

❺

×	9	3	7	6
2				

❻

×	7	5	1	8
4				

❼

×	4	9	3	2
3				

❽

×	9	1	8	7
2				

❾

×	6	4	5	7
3				

바꾸어 곱하기

● 두 수를 바꾸어 곱한 것입니다. □ 안에 알맞은 수를 써넣으시오.

$2 \times 6 = \boxed{12}$
$6 \times 2 = \boxed{12}$

❶ $3 \times 5 = \boxed{}$
$5 \times 3 = \boxed{}$

❷ $4 \times 5 = \boxed{}$
$5 \times 4 = \boxed{}$

❸ $5 \times 6 = \boxed{}$
$6 \times 5 = \boxed{}$

❹ $2 \times 5 = \boxed{}$
$5 \times 2 = \boxed{}$

❺ $3 \times 8 = \boxed{}$
$8 \times 3 = \boxed{}$

❻ $4 \times 7 = \boxed{}$
$7 \times 4 = \boxed{}$

❼ $5 \times 9 = \boxed{}$
$9 \times 5 = \boxed{}$

❽ $3 \times 7 = \boxed{}$
$7 \times 3 = \boxed{}$

❾ $2 \times 3 = \boxed{}$
$3 \times 2 = \boxed{}$

❿ $4 \times 2 = \boxed{}$
$2 \times 4 = \boxed{}$

⓫ $3 \times 6 = \boxed{}$
$6 \times 3 = \boxed{}$

➕ 주어진 수를 사용하여 곱셈식을 두 개 만드시오.

2 18 9

$2 \times 9 = 18$

$9 \times 2 = 18$

❶ **3 7 21**

$\square \times \square = \square$

$\square \times \square = \square$

❷ **24 4 6**

$\square \times \square = \square$

$\square \times \square = \square$

❸ **10 5 2**

$\square \times \square = \square$

$\square \times \square = \square$

❹ **4 5 20**

$\square \times \square = \square$

$\square \times \square = \square$

❺ **16 2 8**

$\square \times \square = \square$

$\square \times \square = \square$

❻ **3 24 8**

$\square \times \square = \square$

$\square \times \square = \square$

❼ **5 6 30**

$\square \times \square = \square$

$\square \times \square = \square$

❽ **4 8 2**

$\square \times \square = \square$

$\square \times \square = \square$

성문 막기

관계 있는 것끼리 선으로 이으시오.

×4

3	8
2	36
9	12

❶ ×2

7	14
6	12
3	6

❷ ×3

5	21
7	15
9	27

❸ ×5

2	25
8	10
5	40

❹ ×2

8	8
9	18
4	16

❺ ×4

3	20
5	24
6	12

❻ ×5

3	30
6	15
9	45

❼ ×3

8	12
3	9
4	24

❽ ×4

7	16
9	28
4	36

✚ ○ 안에 알맞은 수를 쓰고 나머지 선 두 개를 그으시오.

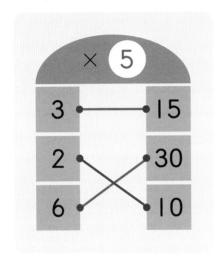

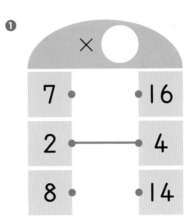

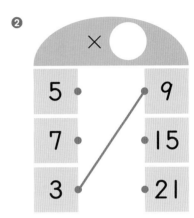

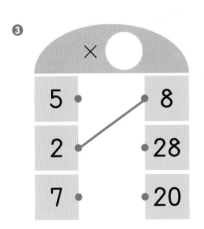

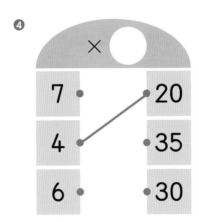

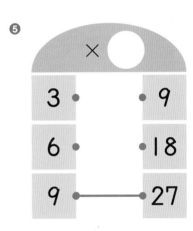

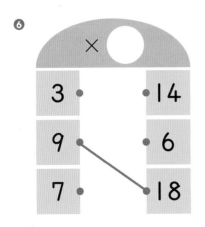

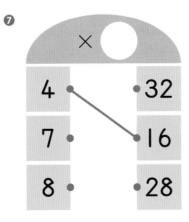

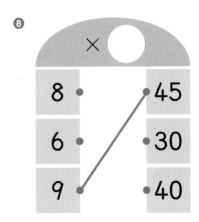

양방 곱셈

❶ 곱하기 하여 ◯ 안에 알맞은 수를 써넣으시오.

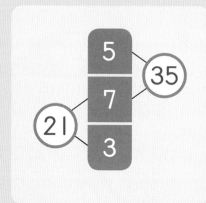

❶
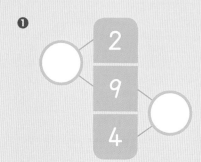

❷
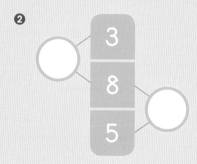

❸

❹

❺

❻

❼

❽

✛ 빈칸에 알맞은 수를 써넣으시오.

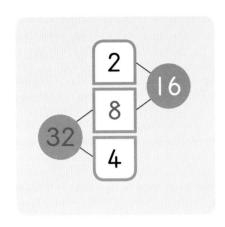

❶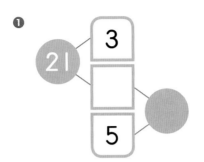

❷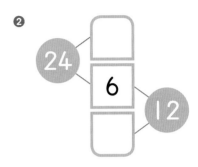

❸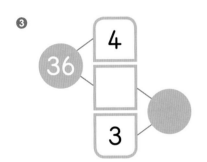

❹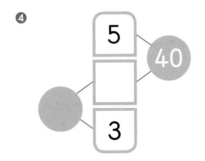

❺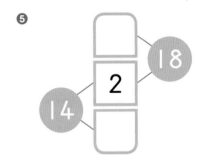

❻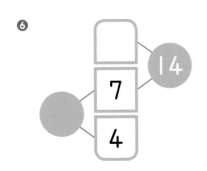

❼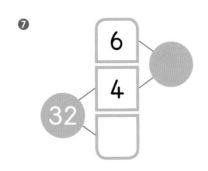

❽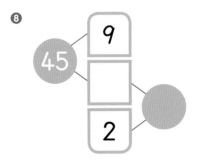

잘 공부했는지 알아봅시다

1 빈칸에 알맞은 수를 써넣으시오.

❶
×	3	8	9
2	6		

❷
×	6	9	4
5	30		

❸
×	2	7	6
3	6		

❹
×	5	8	3
4	20		

2 **3**의 단 곱셈구구에서는 곱이 얼마씩 커집니까?

3 그림을 보고 빈칸에 알맞은 수를 써넣으시오.

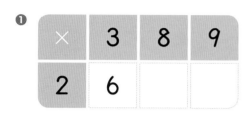

4×2

4×1

4 × 2에 **4 × 1**을 더하면 [   ]와 같습니다.

4 그림을 보고 모두 몇 개인지 곱셈식으로 알아보시오.

식 : _____   답 : _____ 개

26

3 6~9 곱셈식

수직선 뛰어 세기

● 빈칸에 알맞은 수를 써넣으시오.

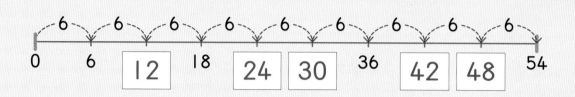

①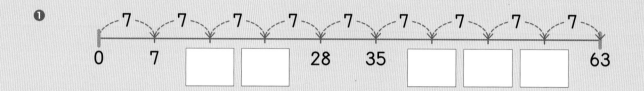

②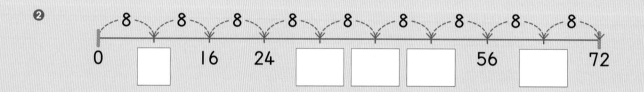

③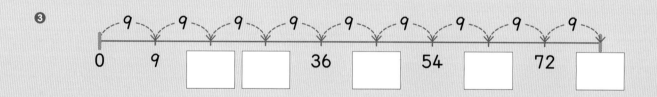

④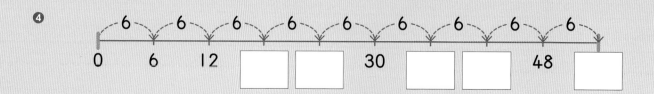

빈칸에 알맞은 수를 써넣으시오.

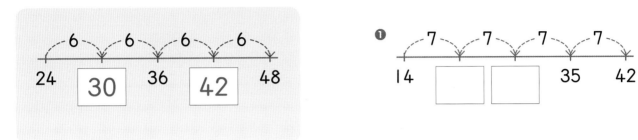

❶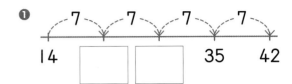

❷

❸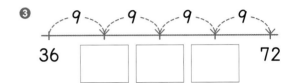

❹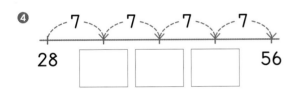

❺

❻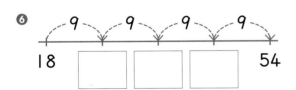

❼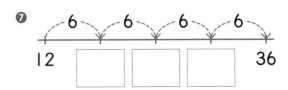

❽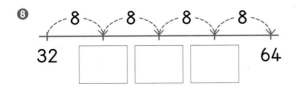

❾

미로 통과

● 작은 수부터 ● 안의 수만큼 뛰어 세어 **9**개의 방을 통과하시오.

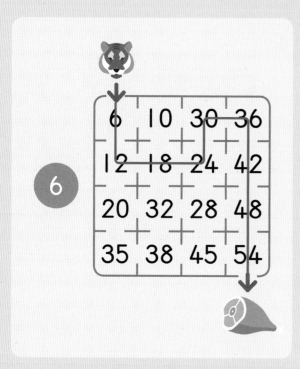

6

6	10	30	36
12	18	24	42
20	32	28	48
35	38	45	54

❶

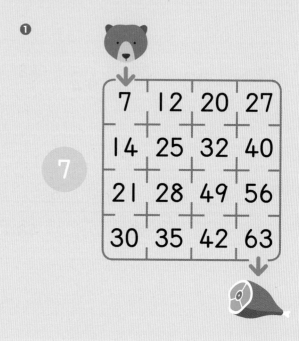

7

7	12	20	27
14	25	32	40
21	28	49	56
30	35	42	63

❷

8

8	16	24	32
12	18	24	40
20	32	56	48
35	38	64	72

❸

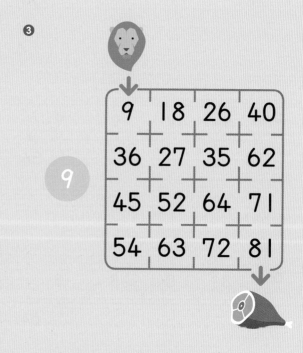

9

9	18	26	40
36	27	35	62
45	52	64	71
54	63	72	81

❖ 큰 수부터 ● 안의 수만큼 뛰어 세어 **9**개의 방을 통과하시오.

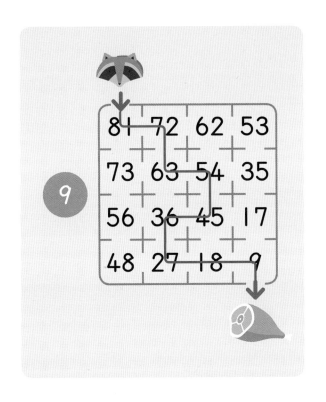

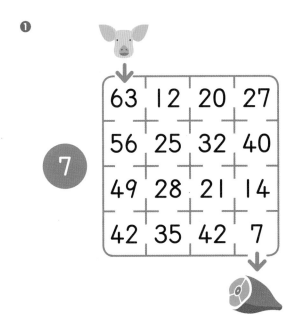

❶

❷

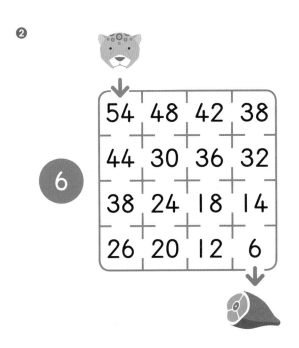

❸

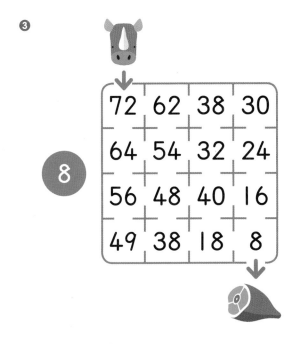

구슬 칸 수

● 그림이 나타내는 곱셈식을 두 가지 쓰시오.

$$2 \times 8 = 16$$

$$8 \times 2 = 16$$

❶

$\square \times \square = \square$

$\square \times \square = \square$

❷

$\square \times \square = \square$

$\square \times \square = \square$

❸

$\square \times \square = \square$

$\square \times \square = \square$

❹

$\square \times \square = \square$

$\square \times \square = \square$

❺

$\square \times \square = \square$

$\square \times \square = \square$

❻

$\square \times \square = \square$

$\square \times \square = \square$

❼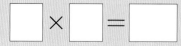

$\square \times \square = \square$

$\square \times \square = \square$

❽

$\square \times \square = \square$

$\square \times \square = \square$

✚ 그림이 나타내는 곱셈식을 두 가지 쓰시오.

❶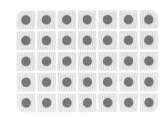

❷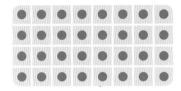

$7 \times 6 = 42$

$6 \times 7 = 42$

❸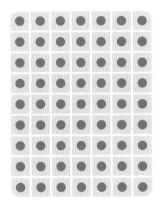

❹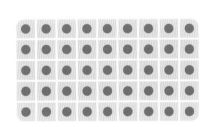

❺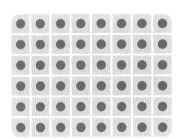

덧셈식과 곱셈식

● 그림을 보고 빈칸에 알맞은 수를 써넣으시오.

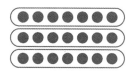

7씩 3묶음은 **21** 입니다.

7의 3배는 **21** 입니다.

덧셈식으로 나타내면

7 + **7** + **7** = **21**

곱셈식으로 나타내면

7 × **3** = **21**

❶

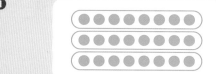

8씩 3묶음은 ☐ 입니다.

8의 3배는 ☐ 입니다.

덧셈식으로 나타내면

☐ + ☐ + ☐ = ☐

곱셈식으로 나타내면

8 × ☐ = ☐

❷

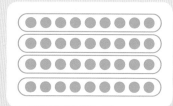

9씩 4묶음은 ☐ 입니다.

9의 4배는 ☐ 입니다.

덧셈식으로 나타내면

☐ + ☐ + ☐ + ☐ = ☐

곱셈식으로 나타내면

9 × ☐ = ☐

❸

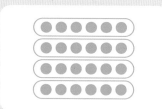

6씩 4묶음은 ☐ 입니다.

6의 4배는 ☐ 입니다.

덧셈식으로 나타내면

☐ + ☐ + ☐ + ☐ = ☐

곱셈식으로 나타내면

6 × ☐ = ☐

◆ □ 안에 알맞은 수를 쓰고, 곱셈식은 덧셈식으로, 덧셈식은 곱셈식으로 나타내시오.

$6 \times 5 = \boxed{30}$

$6 + 6 + 6 + 6 + 6 = 30$

❶ $7 + 7 + 7 + 7 + 7 = \boxed{}$

❷ $8 \times 3 = \boxed{}$

❸ $9 + 9 + 9 + 9 = \boxed{}$

❹ $7 \times 4 = \boxed{}$

❺ $6 + 6 + 6 + 6 = \boxed{}$

❻ $9 \times 5 = \boxed{}$

❼ $8 + 8 + 8 + 8 + 8 = \boxed{}$

❽ $6 \times 6 = \boxed{}$

❾ $7 + 7 + 7 = \boxed{}$

1 모두 몇 개인지 두 가지 곱셈식으로 나타내시오.

$\boxed{} \times \boxed{} = \boxed{}$ (개)

$\boxed{} \times \boxed{} = \boxed{}$ (개)

2 □ 안에 알맞은 수를 써넣으시오.

❶ $6+6+6+6+6+6+6 = \boxed{}$

 $6 \times \boxed{} = \boxed{}$

❷ $8+8+8+8+8 = \boxed{}$

 $8 \times \boxed{} = \boxed{}$

3 수직선을 보고 빈칸에 알맞은 수를 써넣으시오.

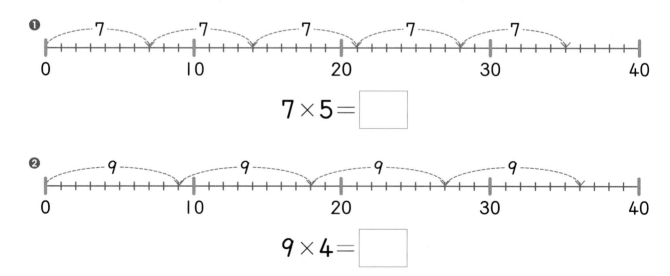

❶ $7 \times 5 = \boxed{}$

❷ $9 \times 4 = \boxed{}$

4 6~9의 단 곱셈구구

구구단

● 빈칸에 알맞은 수를 써넣으시오.

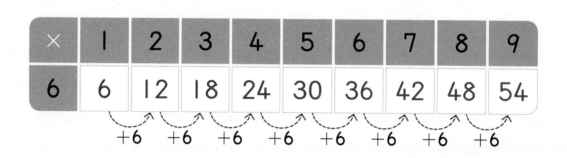

×	1	2	3	4	5	6	7	8	9
6	6	12	18	24	30	36	42	48	54

❶
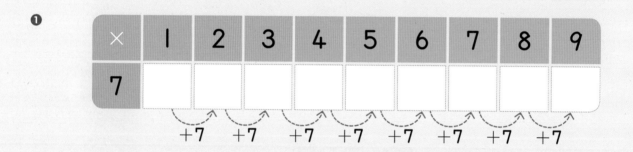

×	1	2	3	4	5	6	7	8	9
7									

❷
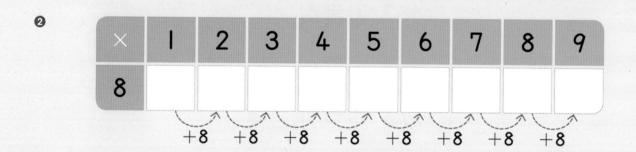

×	1	2	3	4	5	6	7	8	9
8									

❸
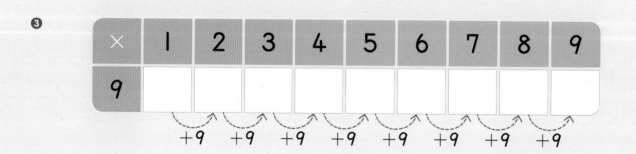

×	1	2	3	4	5	6	7	8	9
9									

➕ 빈칸에 알맞은 수를 써넣으시오.

×	3	8	5	4
6	18	48	30	24

❶

×	2	7	1	6
7				

❷

×	4	9	3	2
8				

❸

×	7	5	1	8
9				

❹

×	8	7	3	9
7				

❺

×	9	1	8	7
6				

❻

×	5	3	7	9
9				

❼

×	2	7	8	9
8				

❽

×	8	7	1	9
6				

❾

×	5	4	7	6
8				

자물쇠

● 칠해진 두 수의 곱을 빈칸에 써넣으시오.

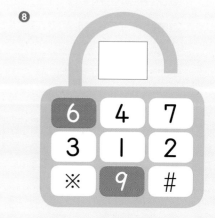

⊕ 고리 안의 수가 곱이 되는 두 수를 찾아 색칠하시오.

48

~~10~~	3	5
~~8~~	2	4
※	7	#

❶ 56

4	6	2
5	8	7
※	3	#

❷ 63

5	6	3
4	9	8
※	7	#

❸ 42

2	4	5
3	6	1
※	7	#

❹ 81

3	1	4
5	9	9
※	2	#

❺ 72

7	4	8
5	9	6
※	3	#

❻ 54

6	9	4
3	8	5
※	7	#

❼ 45

5	9	8
7	6	1
※	4	#

❽ 49

7	2	8
5	4	3
※	7	#

하우스

◑ 곱셈을 하여 빈칸에 알맞은 수를 써넣으시오.

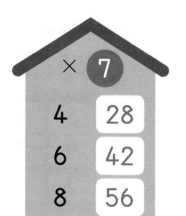

× 7	
4	28
6	42
8	56

❶
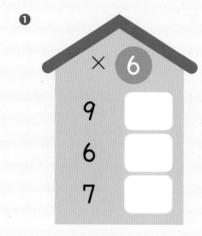

× 6	
9	
6	
7	

❷
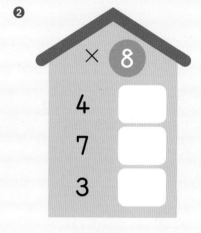

× 8	
4	
7	
3	

❸
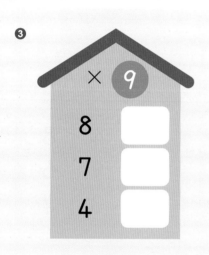

× 9	
8	
7	
4	

❹
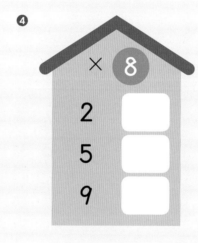

× 8	
2	
5	
9	

❺
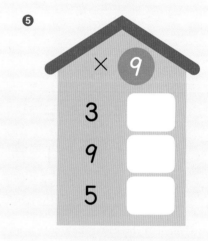

× 9	
3	
9	
5	

❻

× 7	
9	
7	
8	

❼

× 6	
8	
4	
7	

❽
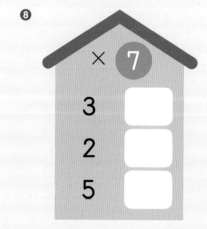

× 7	
3	
2	
5	

⊕ 빈칸에 알맞은 수를 써넣으시오.

× 8

6 48
7 56
4 32

❶
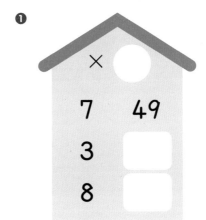

×

7 49
3
8

❷
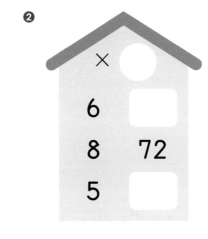

×

6
8 72
5

❸
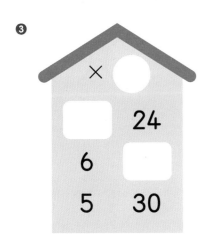

×

24
6
5 30

❹
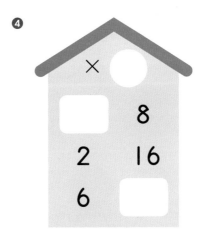

×

8
2 16
6

❺
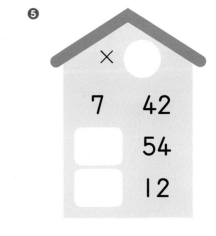

×

7 42
54
12

❻
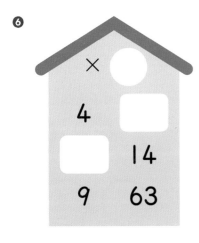

×

4
14
9 63

❼
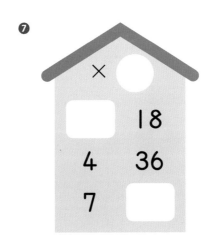

×

18
4 36
7

❽
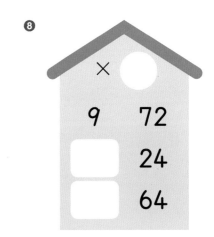

×

9 72
24
64

모으기 곱셈

● 선으로 연결된 두 수의 곱을 아래 빈칸에 써넣으시오.

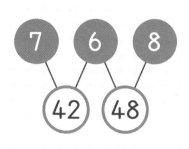

❶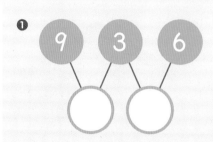

❷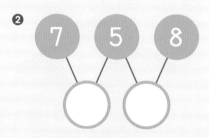

❸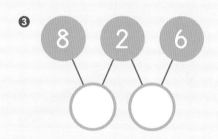

❹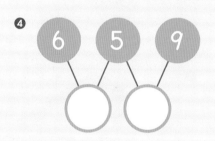

❺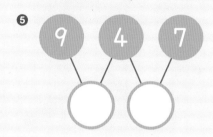

❻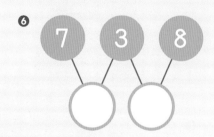

❼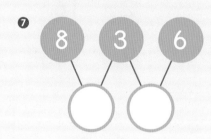

❽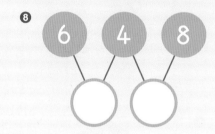

❾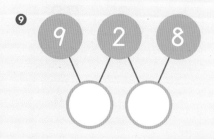

❿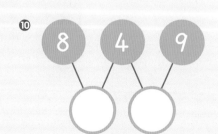

⓫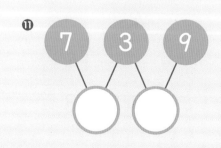

● 선으로 연결된 두 수의 곱이 아래의 수가 되도록 빈칸에 ▨▨ 안의 수를 써넣으시오.

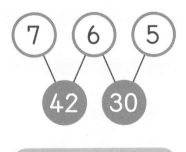

5 6 7

2 6 7

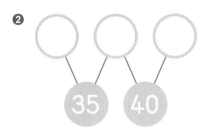

5 7 8

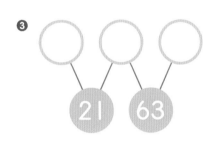

3 7 9

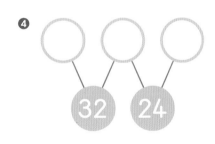

4 6 8

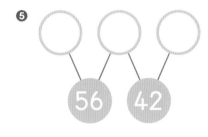

6 7 8

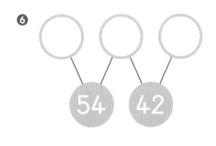

6 7 9

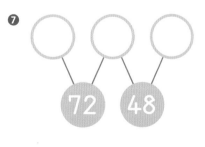

6 8 9

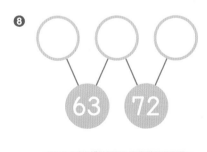

7 8 9

1 빈칸에 이어진 두 수의 곱을 써넣으시오.

❶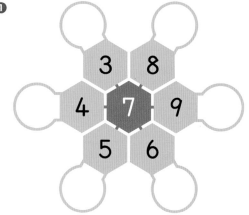

❷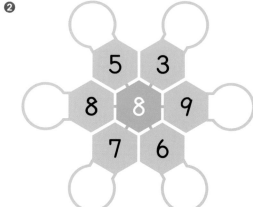

2 빈칸에 알맞은 수를 써넣으시오.

❶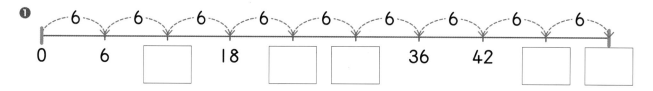

❷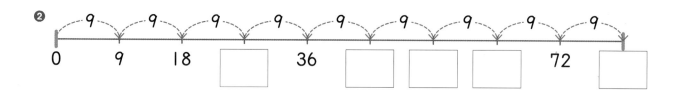

3 I주일은 **7**일이고 겨울 방학은 **6**주입니다. 겨울 방학은 모두 며칠인지 곱셈식으로 알아보시오.

식 : _____   답 : _____ 일

5

곱셈구구 (1)

아름다운 구구단

● 0에서 시작하여 각 단의 수만큼 **9**번 뛰어 선을 이으시오.

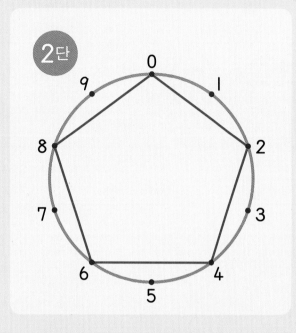

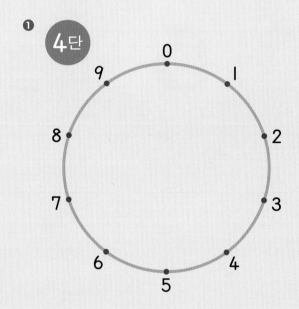

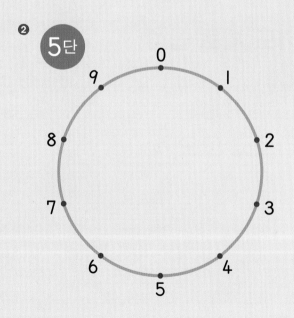

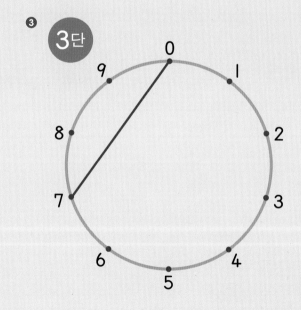

⊕ **0**에서 시작하여 각 단의 수만큼 **9**번 뛰어 선을 이으시오.

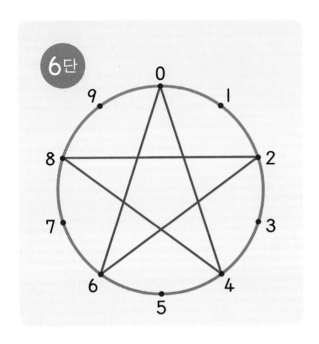

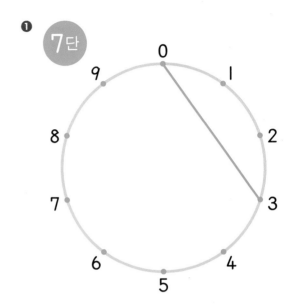

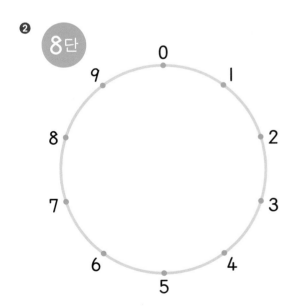

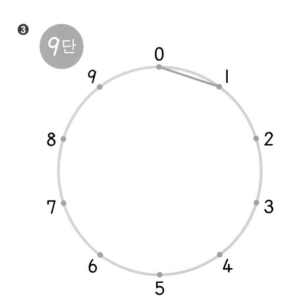

숫자 카드 세로 곱셈

● 주어진 숫자 카드를 한 번씩 사용하여 곱셈식을 완성하시오.

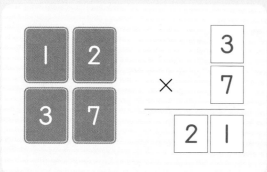

❶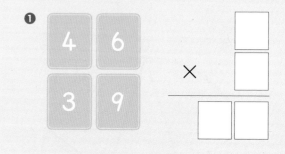

❷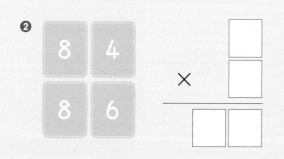

❸

❹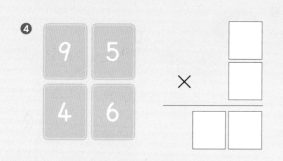

❺

❻

❼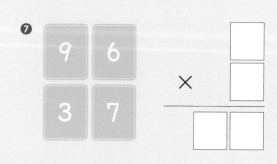

➕ 주어진 숫자 카드를 한 번씩 사용하여 세로 곱셈식을 만드시오.

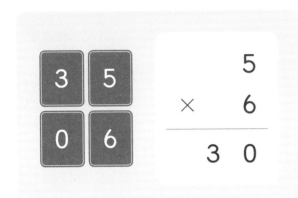

❶

❷

❸

❹

❺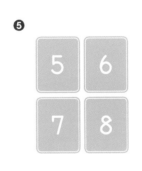

❻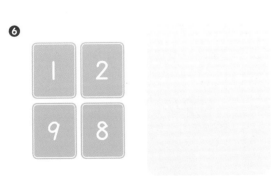

❼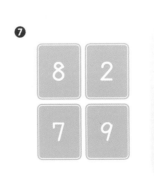

곱셈 계단

● 숫자 카드를 두 장씩 곱하여 나온 수를 작은 수부터 차례로 써넣으시오.

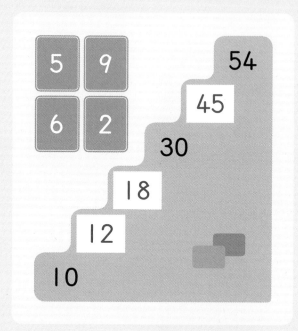

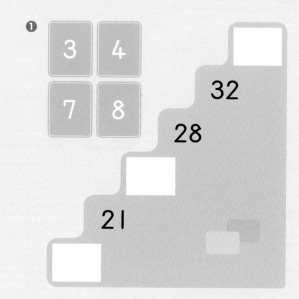

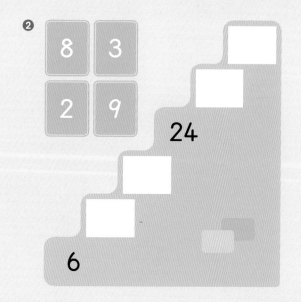

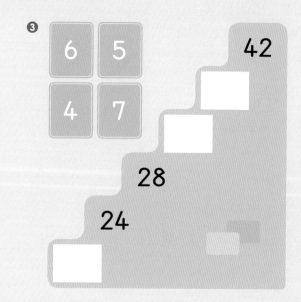

❖ 숫자 카드를 두 장씩 곱하여 나온 수를 작은 수부터 차례로 써넣으시오

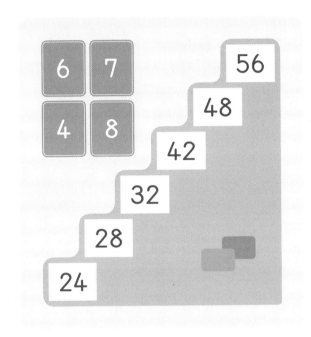

❶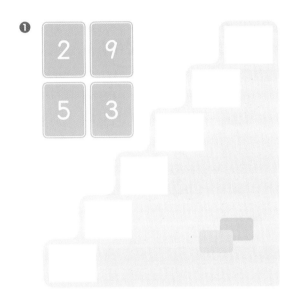

❷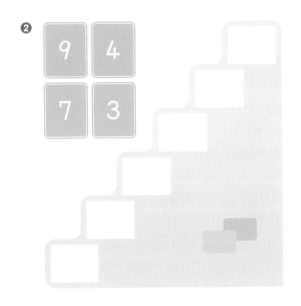

❸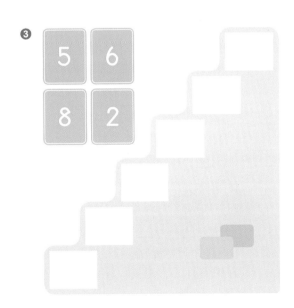

곱셈 가르고 모으기

● 선으로 연결된 두 수의 곱을 빈칸에 써넣으시오.

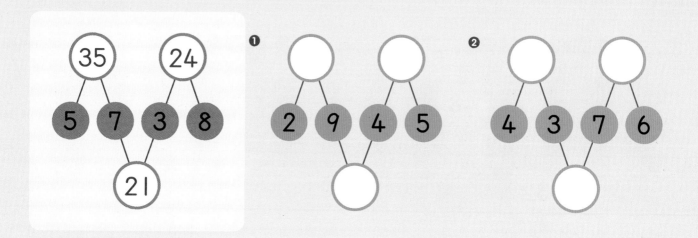

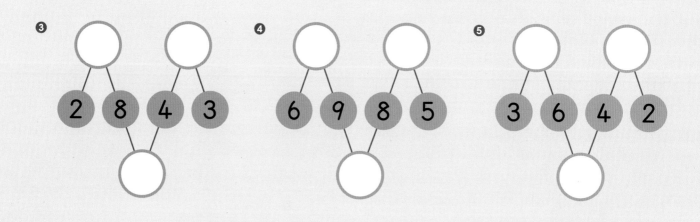

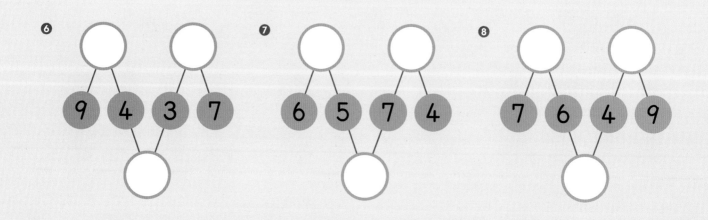

➕ 빈칸에 알맞은 수를 써넣으시오.

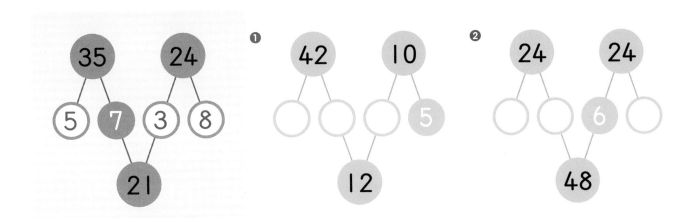

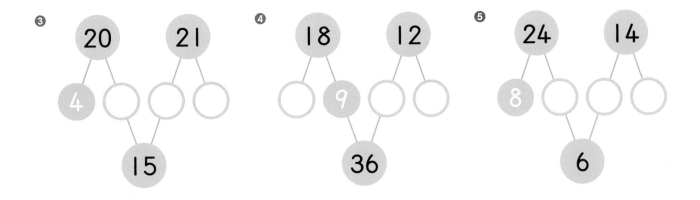

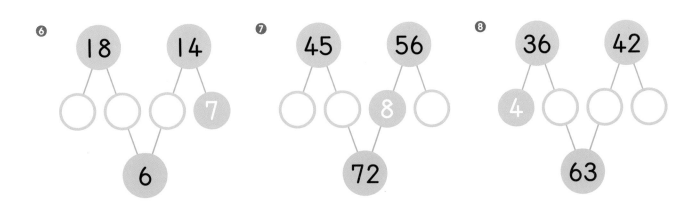

잘 공부했는지 알아봅시다

1 곱이 홀수로 커지는 곱셈구구는 몇 단인지 모두 찾아보시오.

2 곱이 같은 것끼리 선으로 이으시오.

4×6 •	• 6×9
9×6 •	• 4×3
6×2 •	• 8×3

3 숫자 카드를 두 장씩 곱하여 나온 수를 작은 수부터 차례로 써넣으시오.

4 ㄱ과 ㄴ의 곱을 구하시오.

$$7 \times \boxed{ㄱ} = 56 \qquad \boxed{ㄴ} \times 4 = 36$$

6

곱셈구구 (2)

469 곱셈표

● 가로, 세로로 곱하여 빈칸에 알맞은 수를 써넣으시오.

×	4	6	2
8	32	48	16
9	36	54	18
3	12	18	6

❶

×	7	9	5
3			
7			
8			

❷

×	6	5	3
7			
4			
2			

❸

×	4	6	3
4			
8			
6			

❹

×	8	4	5
5			
3			
9			

❺

×	5	7	6
2			
4			
8			

⊕ 곱셈표의 빈칸에 알맞은 수를 써넣으시오.

×	9	5	8
6	54	30	48
7	63	35	56
2	18	10	16

❶

×		4	
3	21		
2			10
	56		40

❷

×		8	9
		24	
6	24		
			45

❸

×	7	4	
5	35		
		4	
8			16

❹

×	7		5
4		36	
2			
	56		

❺

×	2	3	
7			28
		24	
			24

바람개비 연산

● 가로, 세로로 두 수의 곱을 빈칸에 써넣으시오.

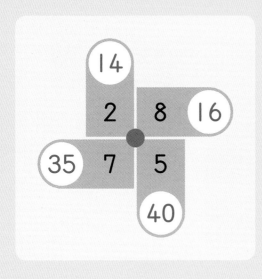

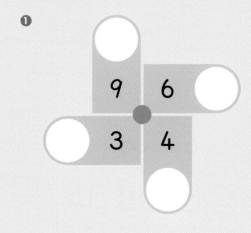

❶

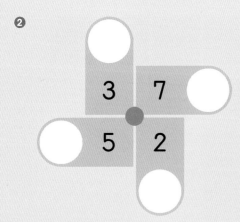

❷

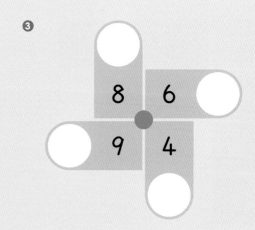

❸

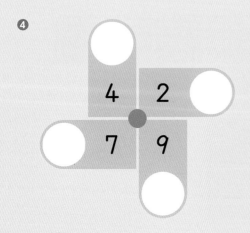

❹

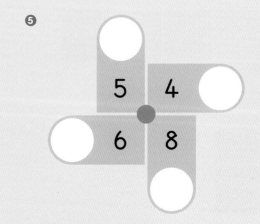

❺

● 빈칸에 알맞은 수를 써넣으시오.

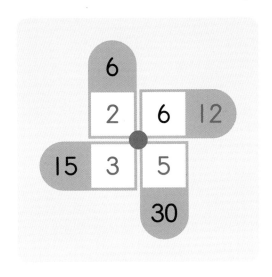

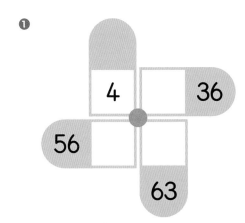

❷
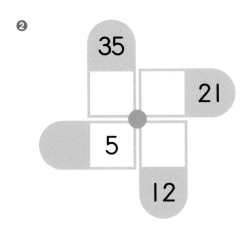

❸
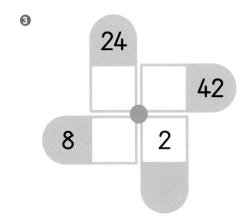

❹
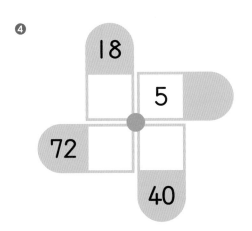

❺
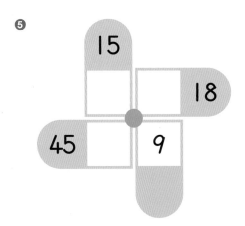

471 매트릭스 곱셈

❶ 가로, 세로로 두 수씩 곱해 빈칸에 알맞은 수를 써넣으시오.

[예제]

5		5	25
	9	8	72
7	2		14
35	18	40	✕

❶

	4	3	
6	9		
8		7	
			✕

❷

	5	1	
2		7	
6	3		
			✕

❸

8	4		
	7	5	
2		9	
			✕

❹

8		3	
	4	2	
8	6		
			✕

❺

	9	2	
7	8		
3		5	
			✕

❖ 1부터 9까지의 수 중 서로 다른 수를 써넣어 매트릭스를 완성하시오.

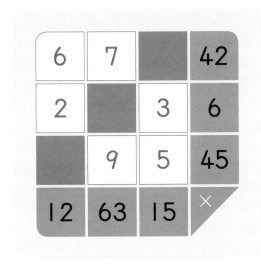

6	7		42
2		3	6
	9	5	45
12	63	15	×

①

			32
			63
			18
24	27	56	×

②

			10
			48
			21
30	24	14	×

③

			24
			20
			54
36	40	18	×

④

			28
			27
			16
72	14	12	×

⑤

			18
			15
			42
54	6	35	×

벌집셈

● 벌집 안 두 수의 곱을 빈칸에 써넣으시오.

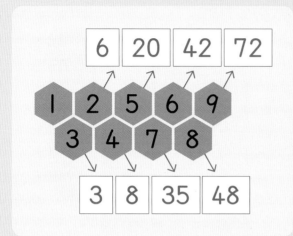

❶

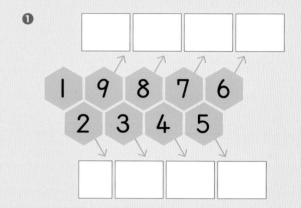

❷

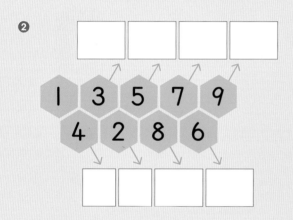

❸

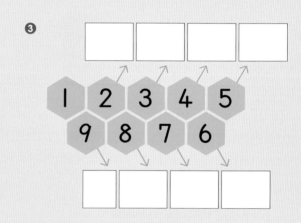

❹

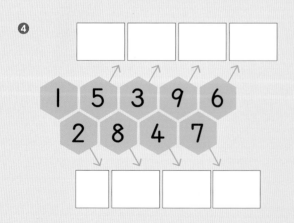

❺

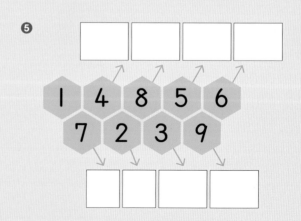

➕ 두 수의 곱에 맞게 **1** 에서 **9**까지의 수를 하나씩 벌집 안에 써넣으시오.

❶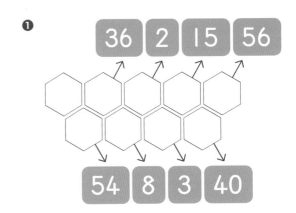

❷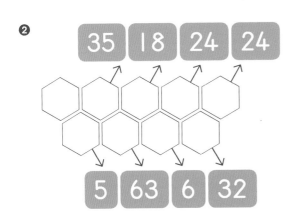

❸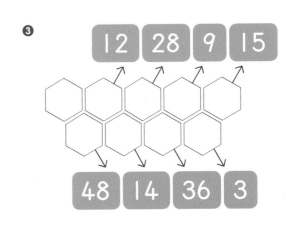

❹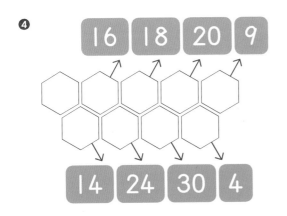

❺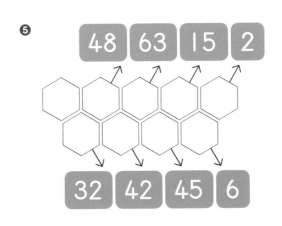

1 2 × 9와 곱이 같은 곱셈구구를 모두 찾아보시오.

2 빈칸에 알맞은 수를 써넣어 곱셈표를 완성하시오.

×		6		9
3	6			27
		48	56	
5	10			45
4			28	

3 선으로 연결된 두 수의 곱이 위의 수입니다. 빈칸에 알맞은 수를 써넣으시오.

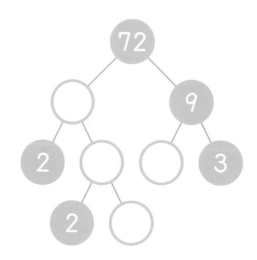

7 곱셈 문제 해결 (1)

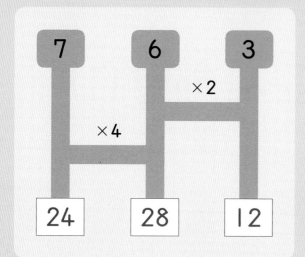

사다리 타기

473

● 사다리 타기를 하여 빈칸에 알맞은 수를 써넣으시오.

❶

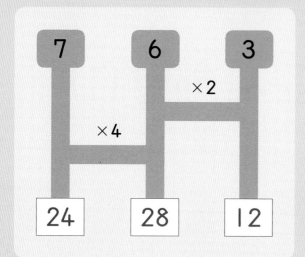

```
  7        6        3
         ×2
    ×4
 [24]    [28]    [12]
```

❶

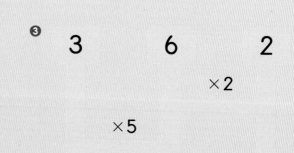

```
  4        5        9
    ×2
              ×8
 [  ]    [  ]    [  ]
```

❷

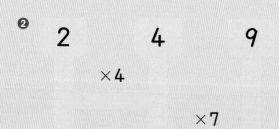

```
  2        4        9
    ×4
         ×7
 [  ]    [  ]    [  ]
```

❸

```
  3        6        2
                 ×2
         ×5
 [  ]    [  ]    [  ]
```

❹

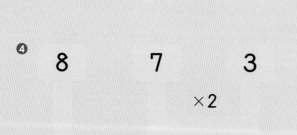

```
  8        7        3
              ×2
    ×9
 [  ]    [  ]    [  ]
```

❺

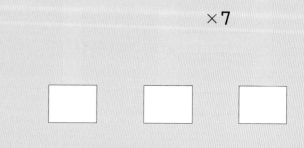

```
  3        8        4
              ×3
                    ×7
 [  ]    [  ]    [  ]
```

⊕ 빈칸에 알맞은 수를 써넣으시오.

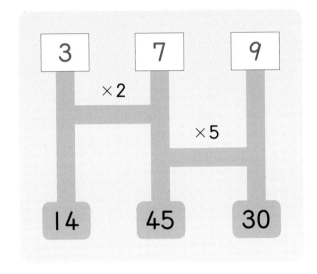

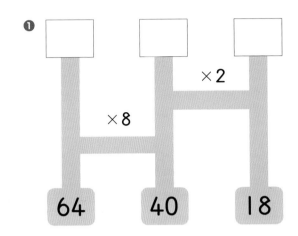

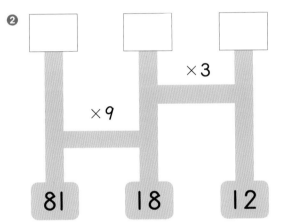

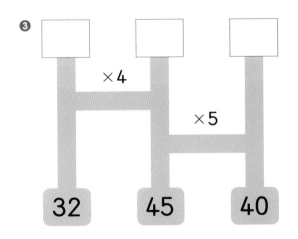

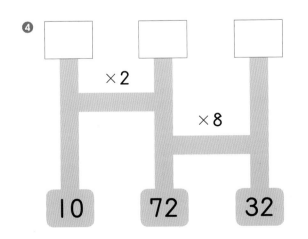

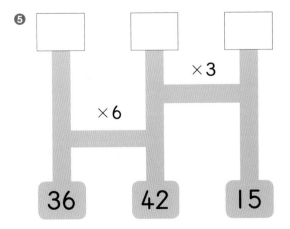

벤 다이어그램

주어진 수 중 각 단의 곱을 그림에 맞게 써넣으시오.

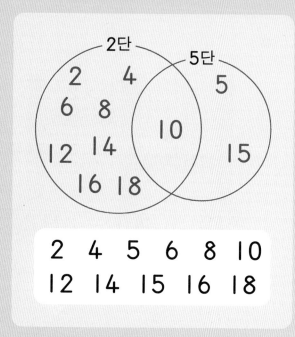

2 4 5 6 8 10
12 14 15 16 18

❶

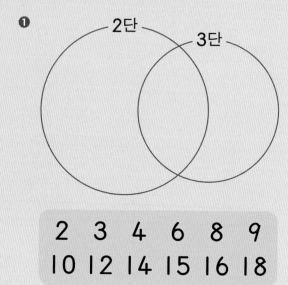

2 3 4 6 8 9
10 12 14 15 16 18

❷

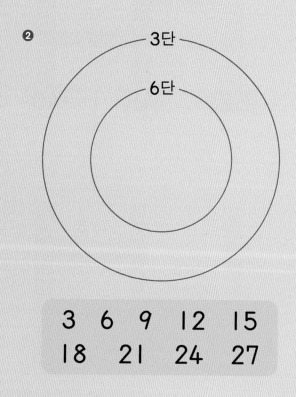

3 6 9 12 15
18 21 24 27

❸

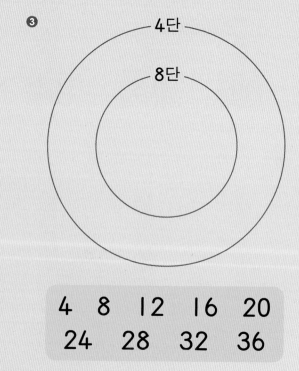

4 8 12 16 20
24 28 32 36

✛ 주어진 수 중 각 단의 곱을 그림에 맞게 써넣으시오.

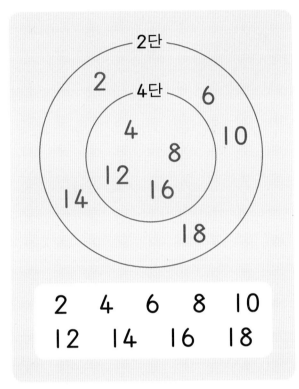

```
2   4   6   8   10
12   14   16   18
```

❶

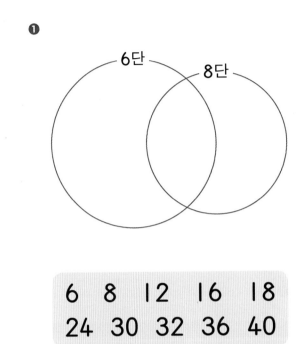

```
6   8   12   16   18
24  30  32  36  40
```

❷

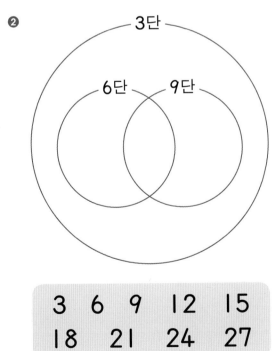

```
3   6   9   12   15
18   21   24   27
```

❸

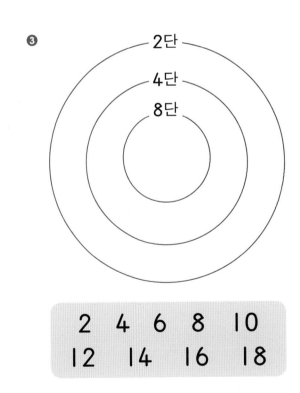

```
2   4   6   8   10
12   14   16   18
```

연속 벌레셈

● 곱셈식에 맞게 ▨ 안의 수를 하나씩 써넣으시오.

```
    2          6
  × 7        × 8
  ─────      ─────
  1 4        4 8

      2  6  7  8
```

①

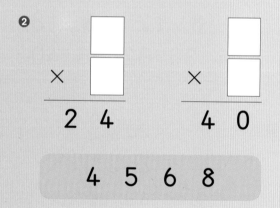

```
  ×          ×
  ─────      ─────
  3 6        1 5

      3  4  5  9
```

②

```
  ×          ×
  ─────      ─────
  2 4        4 0

      4  5  6  8
```

③

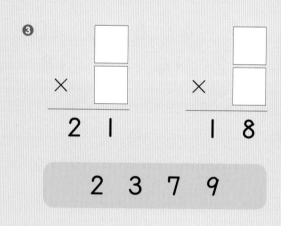

```
  ×          ×
  ─────      ─────
  2 1        1 8

      2  3  7  9
```

④

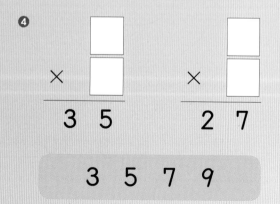

```
  ×          ×
  ─────      ─────
  3 5        2 7

      3  5  7  9
```

⑤

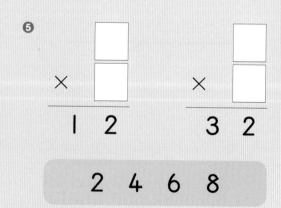

```
  ×          ×
  ─────      ─────
  1 2        3 2

      2  4  6  8
```

72

⊕ 곱셈식에 맞게 **2**에서 **9**까지의 수를 하나씩만 써넣으시오.

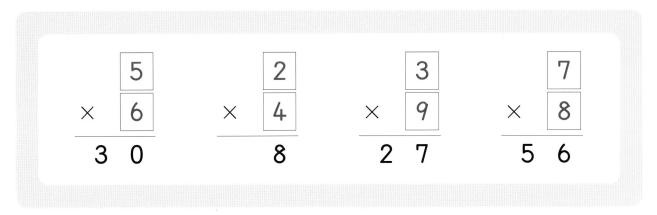

❶

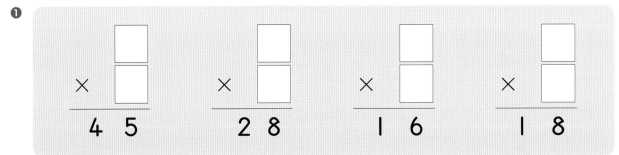

❷

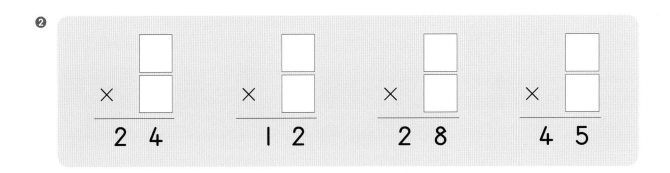

❸

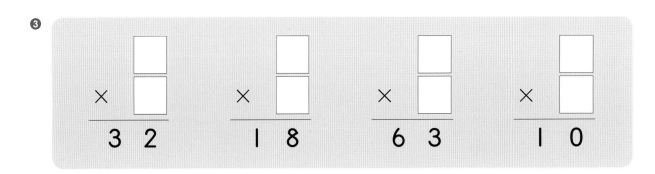

모양 개수

● ●의 개수를 구하시오.

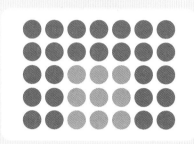

전체 개수 $5 \times 7 = 35$ (개)

● 의 개수 $3 \times 3 = 9$ (개)

● 의 개수 $35 - 9 = 26$ (개)

❶

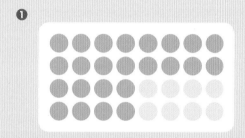

전체 개수 $\boxed{} \times \boxed{} = \boxed{}$ (개)

의 개수 $\boxed{} \times \boxed{} = \boxed{}$ (개)

● 의 개수 $\boxed{} - \boxed{} = \boxed{}$ (개)

❷

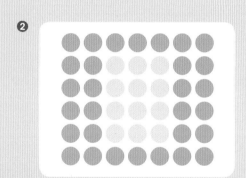

전체 개수 $\boxed{} \times \boxed{} = \boxed{}$ (개)

의 개수 $\boxed{} \times \boxed{} = \boxed{}$ (개)

● 의 개수 $\boxed{} - \boxed{} = \boxed{}$ (개)

❸

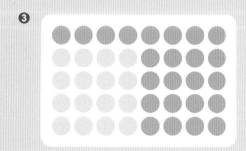

전체 개수 $\boxed{} \times \boxed{} = \boxed{}$ (개)

의 개수 $\boxed{} \times \boxed{} = \boxed{}$ (개)

● 의 개수 $\boxed{} - \boxed{} = \boxed{}$ (개)

✢ 모양의 개수를 구하시오.

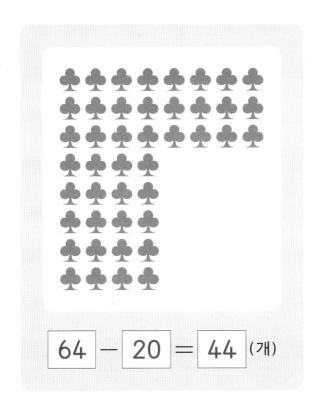

$$64 - 20 = 44 \text{ (개)}$$

❶

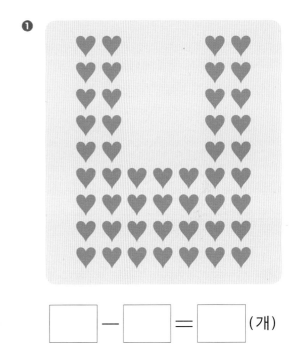

$$\boxed{} - \boxed{} = \boxed{} \text{ (개)}$$

❷

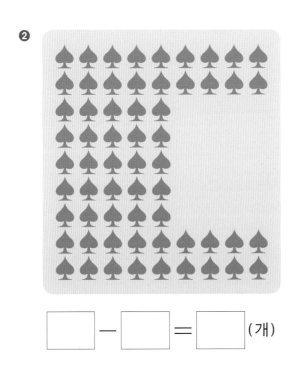

$$\boxed{} - \boxed{} = \boxed{} \text{ (개)}$$

❸

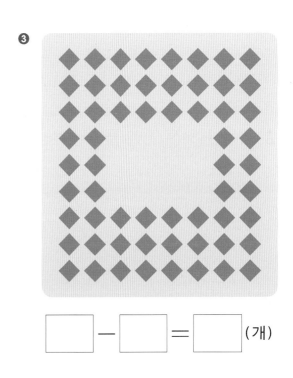

$$\boxed{} - \boxed{} = \boxed{} \text{ (개)}$$

1 몇 개입니까?

2 다음 곱셈식에 맞게 **2**에서 **9**까지의 수를 하나씩만 써넣으시오.

$$\square \times \square = 54 \qquad \square \times \square = 40$$

$$\square \times \square = 12 \qquad \square \times \square = 14$$

3 다음 칠해진 곳에 들어갈 수를 모두 쓰시오.

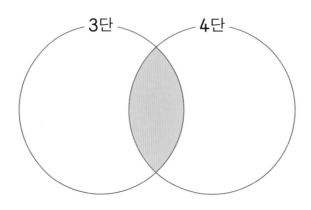

8

곱셈 문제 해결 (2)

두루마리

◑ 조건에 맞는 수를 찾아 ◯표 하시오.

- 6의 단 곱셈구구에 나오는 수입니다.
- 숫자 중의 하나는 2입니다.
- 8의 단 곱셈구구에도 나오는 수입니다.

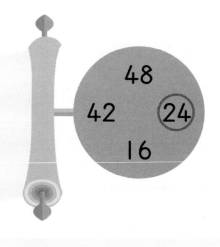

48

42 (24)

16

❶

- 2, 3의 단 곱셈구구에 모두 나오는 수입니다.
- 4 × 4보다 작습니다.
- 4의 단 곱셈구구에도 나오는 수입니다.

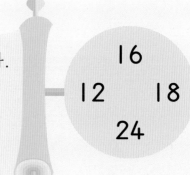

16

12   18

24

❷

- 8의 단 곱셈구구에 나오는 수입니다.
- 일의 자리 숫자가 4입니다.
- 5 × 5보다 큽니다.

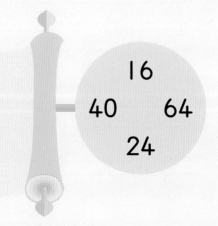

16

40   64

24

✦ 조건에 맞는 수를 ⬤ 안에 쓰시오.

- 3, 9의 단 곱셈구구에 모두 나오는 수입니다.
- 6×4보다 작습니다.
- 홀수입니다.

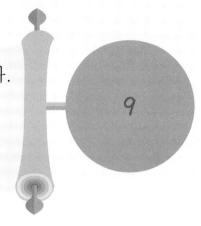

9

❶

- 5의 단 곱셈구구에 나오는 수입니다.
- 8×3보다 작습니다.
- 숫자 중의 하나는 2입니다.

❷

- 6×6보다 작습니다.
- 같은 두 수를 곱했을 때의 값입니다.
- 짝수인 두 자리 수입니다.

합곱 두 수

● 두 수의 합은 위에, 곱은 아래에 써넣으시오.

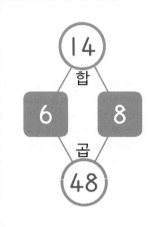

①

②
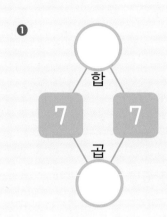

③
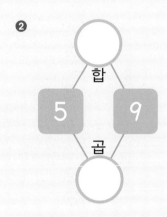

④
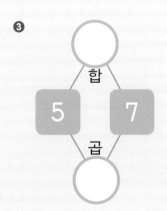

⑤
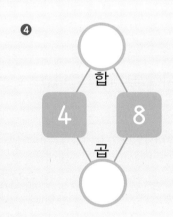

⑥
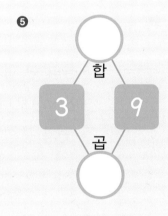

⑦
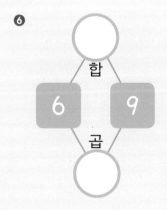

⑧
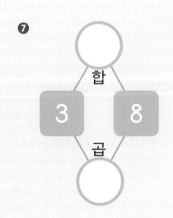

● 합과 곱에 맞게 두 수를 작은 수부터 써넣으시오.

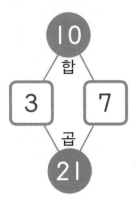

❶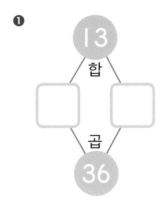

❷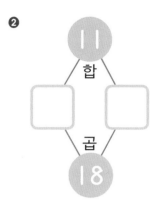

❸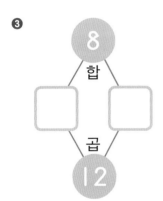

❹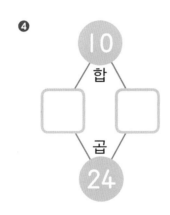

❺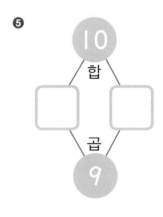

❻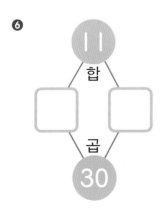

❼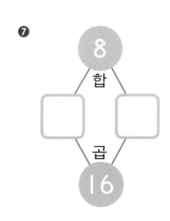

❽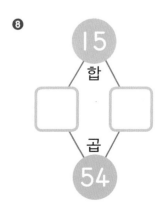

모양셈

● 같은 모양은 같은 수, 다른 모양은 다른 수입니다. 빈칸을 채우시오.

$7 \times \boxed{9} = 63$

$⑤ 5 \times 4 = 16 + 4$

$\boxed{9} \times ⑤ = ◆45◆$

❶ $\square \times 8 = 56$

$9 \times \bigcirc = 18 + 9$

$\square \times \bigcirc = \diamondsuit$

❷ $5 \times \square = 45$

$\bigcirc \times 6 = 54 - 6$

$\square \times \bigcirc = \diamondsuit$

❸ $\square \times 4 = 28$

$8 \times \bigcirc = 48 - 8$

$\square \times \bigcirc = \diamondsuit$

❹ $3 \times \square = 21 + 3$

$\bigcirc \times \square = 40$

$\bigcirc \times \diamondsuit = 45$

❺ $\square \times 7 = 35 + 7$

$\square \times \bigcirc = 18$

$\bigcirc \times \diamondsuit = 24$

◆ ◆가 나타내는 수를 □ 안에 써넣으시오.

$6 \times \spadesuit = 36$

$\clubsuit \times 3 = 21+3$

$\spadesuit \times \clubsuit = \blacklozenge$

$\blacklozenge = \boxed{48}$

❶ $\spadesuit \times 7 = 49$

$8 \times \clubsuit = 32+8$

$\spadesuit \times \clubsuit = \blacklozenge$

$\blacklozenge = \boxed{}$

❷ $3 \times \spadesuit = 27$

$\clubsuit \times 8 = 32-8$

$\spadesuit \times \clubsuit = \blacklozenge$

$\blacklozenge = \boxed{}$

❸ $\spadesuit \times 6 = 30$

$7 \times \clubsuit = 35-7$

$\spadesuit \times \clubsuit = \blacklozenge$

$\blacklozenge = \boxed{}$

❹ $9 \times \spadesuit = 72+9$

$\clubsuit \times \spadesuit = 54$

$\clubsuit \times \blacklozenge = 42$

$\blacklozenge = \boxed{}$

❺ $\spadesuit \times 8 = 48+8$

$\spadesuit \times \clubsuit = 35$

$\clubsuit \times \blacklozenge = 40$

$\blacklozenge = \boxed{}$

연속수

● 1, 2, 3과 같이 연속되어 있는 수를 연속수라 합니다. 연속수의 합을 곱셈을 이용하여 구하시오.

$$5+6+7+8+9=7+7+7+7+7=7\times\boxed{5}=35$$

① $1+2+3=2+2+2=2\times\boxed{}=\boxed{}$

② $5+6+7=6+6+6=\boxed{}\times3=\boxed{}$

③ $1+2+3+4+5=3+3+3+3+3=3\times\boxed{}=\boxed{}$

④ $2+3+4=\boxed{}\times\boxed{}=\boxed{}$

⑤ $7+8+9=\boxed{}\times\boxed{}=\boxed{}$

⑥ $2+3+4+5+6=\boxed{}\times\boxed{}=\boxed{}$

✚ 곱셈을 연속수의 합으로 나타내시오.

$21 = 7 \times 3 = 7 + 7 + 7 = \boxed{6} + \boxed{7} + \boxed{8}$

❶ $12 = 4 \times 3 = 4 + 4 + 4 = \boxed{} + \boxed{} + \boxed{}$

❷ $24 = 8 \times 3 = 8 + 8 + 8 = \boxed{} + \boxed{} + \boxed{}$

❸ $30 = 6 \times 5 = 6 + 6 + 6 + 6 + 6 = \boxed{} + \boxed{} + \boxed{} + \boxed{} + \boxed{}$

❹ $15 = 3 \times 5 = 3 + 3 + 3 + 3 + 3 = \boxed{} + \boxed{} + \boxed{} + \boxed{} + \boxed{}$

❺ $18 = 6 \times 3 = \boxed{} + \boxed{} + \boxed{}$

❻ $9 = 3 \times 3 = \boxed{} + \boxed{} + \boxed{}$

1 다음은 어떤 수인지 구하시오.

나는 어떤 수일까요?

• **3**의 단 곱셈구구에 나오는 수입니다.

• **2×5**와 **5×2**를 더한 값보다 큽니다.

• **6×4**보다 작습니다.

2 숫자 카드 두 장이 있습니다. 카드에 적힌 두 수의 합은 **13**, 두 수의 곱은 **36**입니다. 카드에 적힌 두 수를 구하시오.

3 달력의 일부입니다. 칠해진 수를 모두 더하면 얼마입니까? 곱셈식으로 나타내시오.

일	월	화	수	목	금	토
					1	2
3	4	5	6	7	8	9
10	11	12	13	14	15	16

식 : _____   답 : _____

사고셈

정답 및 해설
Guide Book

초등2 3호

공세구구

NE 능률

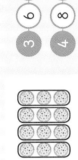

일 월

◆ 몇 개입니까? 두 가지 방법으로 묶어 세어 보시오.

---

449 묶어 세기

■ 하나의 수만큼 묵어 세어 보시오.

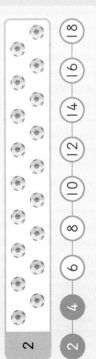

① 주차

450 뛰어 세기

● 빈칸에 알맞은 수를 세넣으시오.

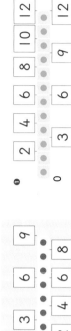

● 빈칸에 알맞은 수를 세넣으시오.

451 덧셈식과 곱셈식

● 그림을 보고 빈칸에 알맞은 수를 써넣으시오.

5씩 3묶음은 15 입니다.

5의 3배는 15 입니다.

덧셈식으로 나타내면

5 + 5 + 5 = 15

곱셈식으로 나타내면

5 × 3 = 15

2씩 4묶음은 8 입니다.

2의 4배는 8 입니다.

덧셈식으로 나타내면

2 + 2 + 2 + 2 = 8

곱셈식으로 나타내면

2 × 4 = 8

❶

4씩 5묶음은 20 입니다.

4의 5배는 20 입니다.

덧셈식으로 나타내면

4 + 4 + 4 + 4 + 4 = 20

곱셈식으로 나타내면

4 × 5 = 20

❷

3씩 4묶음은 12 입니다.

3의 4배는 12 입니다.

덧셈식으로 나타내면

3 + 3 + 3 + 3 = 12

곱셈식으로 나타내면

3 × 4 = 12

덧셈과 곱셈의 관계를 통해 곱셈의 원리를 알 수 있습니다.

● □ 안에 알맞은 수를 써넣으시오.

4 + 4 + 4 = 12

4 × 3 = 12

❶

3 + 3 + 3 + 3 + 3 = 15

3 × 5 = 15

❷

5 + 5 + 5 + 5 = 20

5 × 4 = 20

❸

2 + 2 + 2 + 2 + 2 + 2 = 12

2 × 6 = 12

❹

3 + 3 + 3 + 3 = 12

3 × 4 = 12

❺

5 + 5 + 5 + 5 + 5 = 25

5 × 5 = 25

❻

2 + 2 + 2 = 6

2 × 3 = 6

❼

4 + 4 + 4 + 4 + 4 + 4 = 24

4 × 6 = 24

❽

5 + 5 = 10

5 × 2 = 10

❾

3 + 3 + 3 + 3 + 3 + 3 + 3 = 21

3 × 7 = 21

P. 14 ● P. 15

① 주차

452 점판

● 안의 점의 수가 나타내는 곱셈식을 두 가지로 나타내시오.

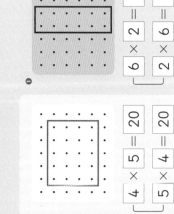

| 4 × 5 = 20 |
| 5 × 4 = 20 |

❶
| 6 × 2 = 12 |
| 2 × 6 = 12 |

❷
| 4 × 7 = 28 |
| 7 × 4 = 28 |

❸
| 3 × 6 = 18 |
| 6 × 3 = 18 |

❹
| 2 × 7 = 14 |
| 7 × 2 = 14 |

❺
| 6 × 5 = 30 |
| 5 × 6 = 30 |

14

● 안의 두 수에 맞게 ▢를 그리고 두 가지 곱셈식으로 나타내시오.

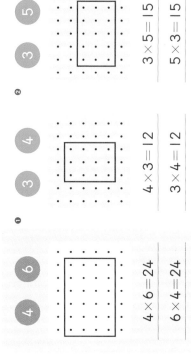

❶ ③ ④
$4 \times 3 = 12$
$3 \times 4 = 12$

❷ ③ ⑤
$3 \times 5 = 15$
$5 \times 3 = 15$

④ ⑥
$4 \times 6 = 24$
$6 \times 4 = 24$

❸ ② ⑤
$2 \times 5 = 10$
$5 \times 2 = 10$

❹ ⑤ ⑥
$6 \times 5 = 30$
$5 \times 6 = 30$

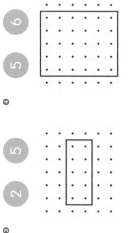

❺ ③ ⑦
$3 \times 7 = 21$
$7 \times 3 = 21$

잘 공부했는지 알아봅시다

월 일

1 모두 몇 개인지 묶어 세어 보시오.

❶ 2씩 몇 묶음입니까? 10묶음

❷ 4씩 몇 묶음입니까? 5묶음

❸ 5씩 몇 묶음입니까? 4묶음

❹ 모두 몇 개입니까? 20개

2 빈칸에 알맞은 수를 써넣으시오.

❶ 3씩 4묶음은 3 의 4 배입니다.

❷ 3의 4배는 3+3+3+3= 12 입니다.

❸ 곱셈식으로 나타내면 3 × 4 = 12 입니다.

3 빈칸을 알맞게 채우시오.

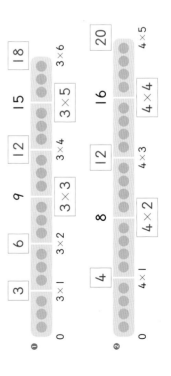

② 주차

구구단

453

● 빈칸에 알맞은 수를 써넣으시오.

×	1	2	3	4	5	6	7	8	9
2	2	4	6	8	10	12	14	16	18

(+2, +2, +2, +2, +2, +2, +2, +2)

❶
×	1	2	3	4	5	6	7	8	9
5	5	10	15	20	25	30	35	40	45

(+5, +5, +5, +5, +5, +5, +5, +5)

❷
×	1	2	3	4	5	6	7	8	9
3	3	6	9	12	15	18	21	24	27

(+3, +3, +3, +3, +3, +3, +3, +3)

❸
×	1	2	3	4	5	6	7	8	9
4	4	8	12	16	20	24	28	32	36

(+4, +4, +4, +4, +4, +4, +4, +4)

월 일

● 빈칸에 알맞은 수를 써넣으시오.

❶
×	2	7	1	6
5	10	35	5	30

❷
×	5	3	7	9
3	15	9	21	27

❸
×	2	7	8	9
4	8	28	32	36

❹
×	8	7	3	9
5	40	35	15	45

❺
×	9	3	7	6
2	18	6	14	12

❻
×	7	5	1	8
4	28	20	4	32

❼
×	4	9	3	2
3	12	27	9	6

❽
×	9	1	8	7
2	18	2	16	14

❾
×	6	4	5	7
3	18	12	15	21

×	3	8	5	2
2	6	16	10	4

454 바꾸어 곱하기

● 두 수를 바꾸어 곱한 것입니다. □ 안에 알맞은 수를 써넣으시오.

$2 \times 6 = 12$
$6 \times 2 = 12$

① $3 \times 5 = 15$
$5 \times 3 = 15$

② $4 \times 5 = 20$
$5 \times 4 = 20$

③ $5 \times 6 = 30$
$6 \times 5 = 30$

④ $2 \times 5 = 10$
$5 \times 2 = 10$

⑤ $3 \times 8 = 24$
$8 \times 3 = 24$

⑥ $5 \times 9 = 45$
$9 \times 5 = 45$

⑦ $4 \times 7 = 28$
$7 \times 4 = 28$

⑧ $3 \times 7 = 21$
$7 \times 3 = 21$

⑨ $2 \times 3 = 6$
$3 \times 2 = 6$

⑩ $4 \times 2 = 8$
$2 \times 4 = 8$

⑪ $3 \times 6 = 18$
$6 \times 3 = 18$

곱셈에서는 두 수를 바꾸어 곱해도 그 값은 같습니다.

● 주어진 수를 사용하여 곱셈식을 두 개 만드시오.

2 18 9
$2 \times 9 = 18$
$9 \times 2 = 18$

① 3 7 21
$3 \times 7 = 21$
$7 \times 3 = 21$

② 24 4 6
$4 \times 6 = 24$
$6 \times 4 = 24$

③ 10 5 2
$2 \times 5 = 10$
$5 \times 2 = 10$

④ 4 5 20
$4 \times 5 = 20$
$5 \times 4 = 20$

⑤ 16 2 8
$2 \times 8 = 16$
$8 \times 2 = 16$

⑥ 3 24 8
$3 \times 8 = 24$
$8 \times 3 = 24$

⑦ 5 6 30
$5 \times 6 = 30$
$6 \times 5 = 30$

⑧ 4 8 2
$2 \times 4 = 8$
$4 \times 2 = 8$

월 일

사고셈 ● 21
정답 및 해설 | 사고셈
P.20 ● P.21
2주차
20

455 셈문 막기

● 짝이 있는 것끼리 선으로 이으시오.

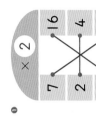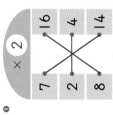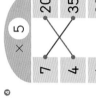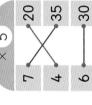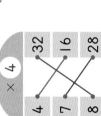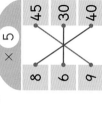

× 2
7 — 14
6 — 12
3 — 6

7 × 2 = 14
6 × 2 = 12
3 × 2 = 6

× 3
5 — 21
7 — 15
9 — 27

5 × 3 = 15
7 × 3 = 21
9 × 3 = 27

× 4
7 — 16
9 — 28
4 — 36

× 2
8 — 8
9 — 18
4 — 16

× 4
3 — 20
5 — 24
6 — 12

× 3
8 — 12
3 — 9
4 — 24

× 4
3 — 8
2 — 36
9 — 12

3 × 4 = 12
2 × 4 = 8
9 × 4 = 36

× 5
2 — 25
8 — 10
5 — 40

× 5
3 — 30
6 — 15
9 — 45

● ○ 안에 알맞은 수를 쓰고 나머지 선 두 개를 그으시오.

선으로 이어진 두 수를 이용하여 ○ 안의 수를 먼저 구합니다.

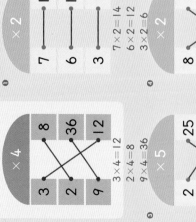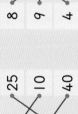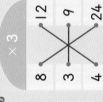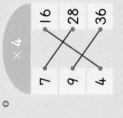

× ③
5 — 9
7 — 15
3 — 21

3 × ③ = 9

× ②
7 — 16
2 — 4
8 — 14

2 × ② = 4

× ⑤
3 — 15
2 — 30
6 — 10

2 × ⑤ = 10

× 3
3 — 9
6 — 18
9 — 27

× 5
7 — 20
4 — 35
6 — 30

× 4
5 — 8
2 — 28
7 — 20

× 5
8 — 45
6 — 30
9 — 40

× 4
4 — 32
7 — 16
8 — 28

× 2
3 — 14
9 — 6
7 — 18

456 영역 모음

● 곱하기 하며 ○ 안에 알맞은 수를 써넣으시오.

5와 7을 곱해 35
7과 3을 곱해 21

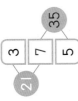

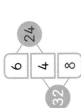
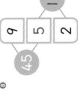

● 빈칸에 알맞은 수를 써넣으시오.

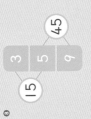
2와 8을 곱해 16
8과 4를 곱해 32

2주차

잘 공부했는지 알아봅시다

월 일

1 빈칸에 알맞은 수를 세넣으시오.

①

×	3	8	9
2	6	16	18

③

×	2	7	6
3	6	21	18

②

×	6	9	4
5	30	45	20

④

×	5	8	3
4	20	32	12

2 3의 단 곱셈구구에서는 곱이 얼마씩 커집니까? **3**씩

■ 단 곱셈구구는 ■씩 커지므로
3의 단 곱셈구구는 3씩 커집니다.

3 그림을 보고 빈칸에 알맞은 수를 세넣으시오.

4 × 2

4 × 1

4 × 2에 4 × 1을 더하면 **12** 와 같습니다.

4 그림을 보고 모두 몇 개인지 곱셈식으로 알아보시오.

식 : ___4 × 5 = 20___ (개)

답 : ___20___ 개

457 수직선 뛰어 세기

● 빈칸에 알맞은 수를 써넣으시오.

0 6 12 18 24 30 36 42 48 54

0 7 14 21 28 35 42 49 56 63

0 8 16 24 32 40 48 56 64 72

0 9 18 27 36 45 54 63 72 81

0 6 12 18 24 30 36 42 48 54

28

● 빈칸에 알맞은 수를 써넣으시오.

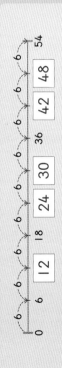

24 30 36 42 48

16 24 32 40 48

28 35 42 49 56

18 27 36 45 54

32 40 48 56 64

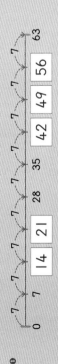

14 21 28 35 42

36 45 54 63 72

40 48 56 64 72

12 18 24 30 36

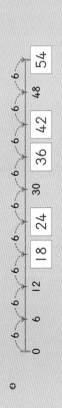

35 42 49 56 63

③ 주차

458 미로 통과

◆ 작은 수부터 ● 안의 수만큼 뛰어 세어 9개의 방을 통과하시오.

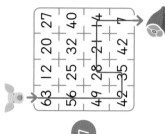

❶

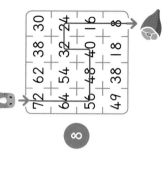

❸

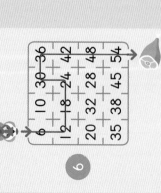

❷

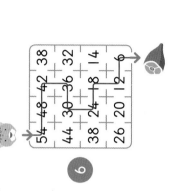

❹

◆ 큰 수부터 ● 안의 수만큼 뛰어 세어 9개의 방을 통과하시오.

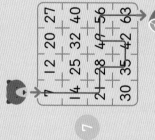

❶

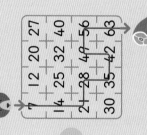

❸

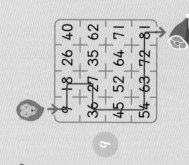

❷

459 구슬 간 수

● 그림이 나타내는 곱셈식을 두 가지 쓰시오.

$2 \times 8 = 16$
$8 \times 2 = 16$

②
$3 \times 7 = 21$
$7 \times 3 = 21$

③
$4 \times 6 = 24$
$6 \times 4 = 24$

④
$3 \times 8 = 24$
$8 \times 3 = 24$

⑤
$3 \times 6 = 18$
$6 \times 3 = 18$

⑥
$2 \times 9 = 18$
$9 \times 2 = 18$

⑦
$2 \times 7 = 14$
$7 \times 2 = 14$

⑧
$4 \times 9 = 36$
$9 \times 4 = 36$

⑨
$4 \times 8 = 32$
$8 \times 4 = 32$

● 그림이 나타내는 곱셈식을 두 가지 쓰시오.

$7 \times 6 = 42$
$6 \times 7 = 42$

①
$5 \times 7 = 35$
$7 \times 5 = 35$

②
$4 \times 8 = 32$
$8 \times 4 = 32$

③
$9 \times 7 = 63$
$7 \times 9 = 63$

④
$5 \times 9 = 45$
$9 \times 5 = 45$

⑤
$6 \times 8 = 48$
$8 \times 6 = 48$

③ 주차

460 덧셈식과 곱셈식

● 그림을 보고 빈칸에 알맞은 수를 써넣으시오.

❶

7씩 3묶음은 21 입니다.

7의 3배는 21 입니다.

덧셈식으로 나타내면

$7 + 7 + 7 = 21$

곱셈식으로 나타내면

$7 \times 3 = 21$

8씩 3묶음은 24 입니다.

8의 3배는 24 입니다.

덧셈식으로 나타내면

$8 + 8 + 8 = 24$

곱셈식으로 나타내면

$8 \times 3 = 24$

❷

9씩 4묶음은 36 입니다.

9의 4배는 36 입니다.

덧셈식으로 나타내면

$9 + 9 + 9 + 9 = 36$

곱셈식으로 나타내면

$9 \times 4 = 36$

6씩 4묶음은 24 입니다.

6의 4배는 24 입니다.

덧셈식으로 나타내면

$6 + 6 + 6 + 6 = 24$

곱셈식으로 나타내면

$6 \times 4 = 24$

● □ 안에 알맞은 수를 쓰고, 곱셈식은 덧셈식으로, 덧셈식은 곱셈식으로 나타내시오.

✿

$6 \times 5 = 30$

$6 + 6 + 6 + 6 + 6 = 30$

❶

$7 + 7 + 7 + 7 + 7 = 35$

$7 \times 5 = 35$

❷

$8 \times 3 = 24$

$8 + 8 + 8 = 24$

❸

$9 + 9 + 9 + 9 = 36$

$9 \times 4 = 36$

❸

$7 \times 4 = 28$

$7 + 7 + 7 + 7 = 28$

❺

$6 + 6 + 6 + 6 = 24$

$6 \times 4 = 24$

❹

$9 \times 5 = 45$

$9 + 9 + 9 + 9 + 9 = 45$

❼

$8 + 8 + 8 + 8 + 8 = 40$

$8 \times 5 = 40$

❻

$6 \times 6 = 36$

$6 + 6 + 6 + 6 + 6 + 6 = 36$

❾

$7 + 7 + 7 = 21$

$7 \times 3 = 21$

잘 공부했는지 알아봅시다

1 모두 몇 개인지 두 가지 곱셈식으로 나타내시오.

$$3 \times \boxed{7} = \boxed{21}\ {}^{(개)}$$

$$\boxed{7} \times \boxed{3} = \boxed{21}\ {}^{(개)}$$

2 □ 안에 알맞은 수를 써넣으시오.

❶ $6+6+6+6+6+6+6 = \boxed{42}$

$$6 \times \boxed{7} = \boxed{42}$$

❷ $8+8+8+8+8 = \boxed{40}$

$$8 \times \boxed{5} = \boxed{40}$$

3 수직선을 보고 빈칸에 알맞은 수를 써넣으시오.

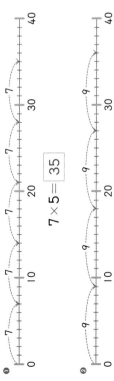

$$7 \times 5 = \boxed{35}$$

$$9 \times 4 = \boxed{36}$$

③ 주차

36

④ 주차

구구단

461

● 빈칸에 알맞은 수를 써넣으시오.

❶
×	1	2	3	4	5	6	7	8	9
6	6	12	18	24	30	36	42	48	54

(+6 +6 +6 +6 +6 +6 +6 +6)

❷
×	1	2	3	4	5	6	7	8	9
7	7	14	21	28	35	42	49	56	63

(+7 +7 +7 +7 +7 +7 +7 +7)

❸
×	1	2	3	4	5	6	7	8	9
8	8	16	24	32	40	48	56	64	72

(+8 +8 +8 +8 +8 +8 +8 +8)

❹
×	1	2	3	4	5	6	7	8	9
9	9	18	27	36	45	54	63	72	81

(+9 +9 +9 +9 +9 +9 +9 +9)

월 일

● 빈칸에 알맞은 수를 써넣으시오.

❶
×	2	7	1	6
7	14	49	7	42

❷
×	3	8	5	4
6	18	48	30	24

❸
×	7	5	1	8
9	63	45	9	72

❹
×	4	9	3	2
8	32	72	24	16

❺
×	9	1	8	7
6	54	6	48	42

❻
×	8	7	3	9
7	56	49	21	63

❼
×	2	7	8	9
8	16	56	64	72

❽
×	5	3	7	9
9	45	27	63	81

❾
×	5	4	7	6
8	40	32	56	48

❿
×	8	7	1	9
6	48	42	6	54

462 자물쇠

● 구해진 두 수의 곱을 빈칸에 써넣으시오.

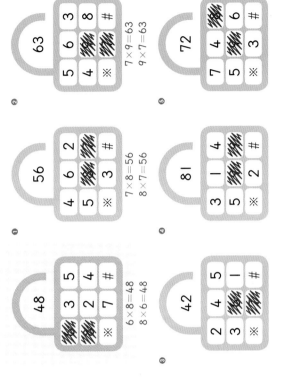

6×7=42
7×6=42

6×8=48
8×6=48

6×9=54
9×6=54

● 고리 안의 수가 곱이 되는 두 수를 찾아 색칠하시오.

6×8=48
8×6=48

7×8=56
8×7=56

7×9=63
9×7=63

사고셈 | 정답 및 해설

P. 40 ● P. 41

④ 주차

463 하우스

● 곱셈을 하여 빈칸에 알맞은 수를 써넣으시오.

×7		
4	28	4×7=28
6	42	6×7=42
8	56	8×7=56

②
×8	
4	32
7	56
3	24

⑤
×9	
3	27
9	81
5	45

⑧
×7	
3	21
2	14
5	35

①
×6	
9	54
6	36
7	42

④
×8	
2	16
5	40
9	72

⑦
×6	
8	48
4	24
7	42

③
×9	
8	72
7	63
4	36

⑥
×7	
9	63
7	49
8	56

42

월 일

● 빈칸에 알맞은 수를 써넣으시오.

②
×9	
6	54
8	72
5	45

⑤
×6	
7	42
9	54
2	12

8×○=72에서
○안의 수 9를 구합니다.

⑧
×8	
9	72
3	24
8	64

①
×7	
7	49
3	21
8	56

④
×8	
1	8
2	16
6	48

7×○=49에서
○안의 수 7을 구합니다.

⑦
×9	
2	18
4	36
7	63

③
×8	
6	48
7	56
4	32

7×○=56에서
○안의 수 8을 구합니다.

⑥
×6	
4	24
6	36
5	30

⑨
×7	
4	28
2	14
9	63

사고셈 ● 43

43

464 모으기 곱셈

● 선으로 연결된 두 수의 곱을 아래 빈칸에 써넣으시오.

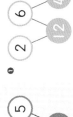

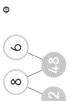

● 선으로 연결된 두 수의 곱이 아래의 수가 되도록 빈칸에 □ 안의 수를 써넣으시오.

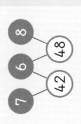
5 6 7

5 7 8

2 6 7

3 7 9

4 6 8

6 7 8

6 7 9

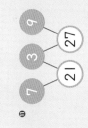
6 8 9

7 8 9

월　　일

4 주차

④ 주차

잘 공부했는지 알아봅시다

월 일

1 빈칸에 이어진 두 수의 곱을 써넣으시오.

❶
7×3 21
7×8 56
3 8
4 7 9
5 6
7×4 28
7×5 35
7×6 42
7×9 63

❷
8×5 40
8×3 24
5 3
8 8 9
7 6
8×8 64
8×7 56
8×6 48
8×9 72

2 빈칸에 알맞은 수를 써넣으시오.

❶
0 6 12 18 24 30 36 42 48 54

❷
0 9 18 27 36 45 54 63 72 81

3 1주일은 7일이고 겨울 방학은 6주입니다. 겨울 방학은 모두 며칠인지 곱셈식으로 알아보시오.

식 : $7 \times 6 = 42$
$6 \times 7 = 42$

답 : 42 일

월 일

465 아름다운 구구단

● 0에서 시작하여 각 단의 수만큼 9번 뛰어 선을 이으시오.

❶ 4단
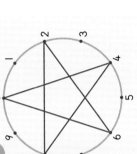

❸ 3단

2단

❷ 5단
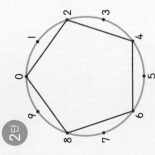

● 0에서 시작하여 각 단의 수만큼 9번 뛰어 선을 이으시오.

❶ 7단
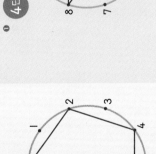

❸ 9단
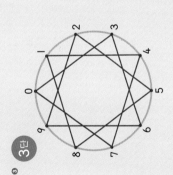

6단
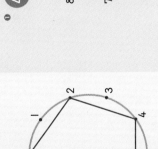

❷ 8단
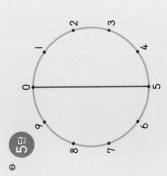

5 주차

P. 50 ● P. 51

466 숫자 카드 세로 곱셈

● 주어진 숫자 카드를 한 번씩 사용하여 곱셈식을 완성하시오.

$$3 \times 7 = 21$$

$$4 \times 9 = 36$$

$$5 \times 7 = 35$$

$$6 \times 7 = 42$$

$$7 \times 9 = 63$$

$$8 \times 8 = 64$$

$$6 \times 9 = 54$$

$$3 \times 9 = 27$$

● 주어진 숫자 카드를 한 번씩 사용하여 세로 곱셈식을 만드시오.

$$5 \times 6 = 30$$

$$8 \times 9 = 72$$

$$2 \times 8 = 16$$

$$4 \times 7 = 28$$

$$5 \times 9 = 45$$

$$7 \times 8 = 56$$

$$2 \times 9 = 18$$

$$8 \times 9 = 72$$

467 곱셈 계단

● 숫자 카드를 두 장씩 골라에 나온 수를 작은 수부터 차례로 써넣으시오.

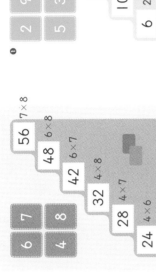

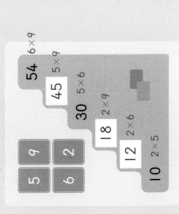

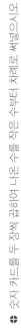

⊕ 숫자 카드를 두 장씩 골라에 나온 수를 작은 수부터 차례로 써넣으시오.

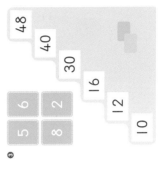

⑤ 주차

468 곱셈 가르고 모으기

● 선으로 연결된 두 수의 곱을 빈칸에 써넣으시오.

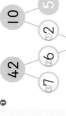

①
5×7 35
3×8 24
7 3 8
35 5 7 3 21 8
7×3

②
4×3 12 42 7×6
4 3 7 6
18 2 9 21 4
3×7

③
36 9
42 6 4
7 6 24
⑤
8 2
18 4
3 6 24
⑥
36 9
42 6 4
7 6 24

④
20 5
18 4
2 9 36
4×5
2×9
9×4

⑦
28 4
30 5 7
6 35
⑧
40 5
54 8
9 6 72
⑨
21 7
36 3
9 4 12

12 3
16 4
2 8 32

● 빈칸에 알맞은 수를 써넣으시오.

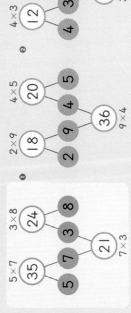

❶
35 ⑤5
24 ⑦7 21
⑧8 ②3
① 5 × 7 = 35
② 7 × ③ = 21
③ 3 × ⑧ = 24

②
24 ③3
48 ⑧8 ⑥6
②2 ⑭14
① 6 × ④ = 24
② 8 × 6 = 48
③ 3 × 8 = 24

①
42 ⑦7
12 ②6 ②2
③7 ⑤5 10
① 2 × 5 = 10
② 6 × 2 = 12
③ 7 × 6 = 42

③
20 ④4
15 5 3
7 21

④
18 2
36 9 4
3 12

⑤
24 8
6 3 2
7 14

⑥
36 4
63 9 7
6 42

⑦
45 5
72 9 8
7 56

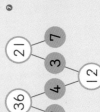

⑧
18 ⑥6
6 3 2
7 14

⑤ 주차

잘 공부했는지 알아봅시다

1 곱이 홀수로 카드는 곱셈구구는 몇 단인지 모두 찾아보시오.

1단, 3단, 5단, 7단, 9단

2 곱이 같은 것끼리 선으로 이으시오.

24 4×6   6×9 54

54 9×6   4×3 12

12 6×2   8×3 24

3 숫자 카드를 두 장씩 골라에 나온 수를 작은 수부터 차례로 써넣으시오.

3   8

4   2

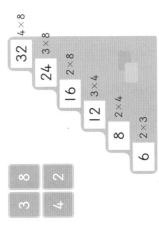

6	8	12	16	24	32
2×3	2×4	3×4	2×8	3×8	4×8

4 ㉠과 ㉡의 곱을 구하시오. 72

$7 \times$ ㉢ $=56$ ㉣ $\times 4 = 36$

㉠ $=8$ ㉡ $=9$, $8 \times 9 = 72$

⑥ 주차

곱셈표

469

● 가로 세로로 곱하여 빈칸에 알맞은 수를 써넣으시오.

×	4	6	2
8	32 (8×4)	48 (8×6)	16 (8×2)
9	36 (9×4)	54 (9×6)	18 (9×2)
3	12 (3×4)	18 (3×6)	6 (3×2)

①
×	7	9	5
3	21	27	15
7	49	63	35
8	56	72	40

③
×	4	6	3
4	16	24	12
8	32	48	24
6	24	36	18

⑤
×	5	7	6
2	10	14	12
4	20	28	24
8	40	56	48

②
×	6	5	3
7	42	35	21
4	24	20	12
2	12	10	6

④
×	8	4	5
5	40	20	25
3	24	12	15
9	72	36	45

● 곱셈표의 빈칸에 알맞은 수를 써넣으시오. 푸는 순서를 찾는 것이 중요합니다.
먼저 가로줄, 세로줄에 있는 수를 구합니다.

곱셈표는 세로줄의 수와 가로줄의 수를 곱하여 표를 만든 것입니다.

×	9	5	8
6	54	30	48
7	63	35	56
2	18	10	16

① 7 × 5 = 35
② 2 × 9 = 18
③ 6 × 8 = 48

① 3 × 7 = 21
② 2 × 5 = 10
③ 8 × 7 = 56

①
×	7	4	5
3	21	12	15
2	14	8	10
8	56	32	40

③
×	7	4	2
5	35	20	10
1	7	4	2
8	56	32	16

⑤
×	2	3	4
7	14	21	28
8	16	24	32
6	12	18	24

②
×	4	8	9
3	12	24	27
6	24	48	54
5	20	40	45

④
×	7	9	5
4	28	36	20
2	14	18	10
8	56	72	40

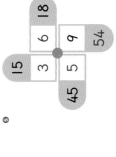

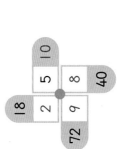

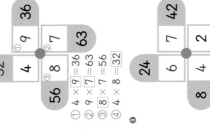

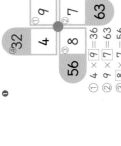

470 바람개비 연산

● 가로, 세로로 두 수의 곱을 빈칸에 써넣으시오.

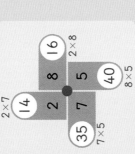

● 빈칸에 알맞은 수를 써넣으시오.

① 6 × 5 =30
② 3 × 5 =15
③ 2 × 3 =6
④ 2 × 6 =12

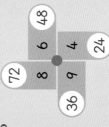

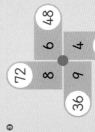

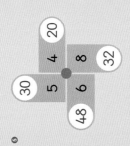

① 4 × 9 =36
② 9 × 7 =63
③ 8 × 7 =56
④ 4 × 8 =32

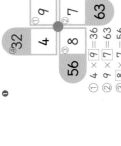

⑥ 주차

471 매트릭스 곱셈

● 가로, 세로로 두 수씩 곱해 빈칸에 알맞은 수를 써넣으시오.

● 1부터 9까지의 수 중 서로 다른 수를 써넣어 매트릭스를 완성하시오.

곱이 270이 되는 두 수부터 넣어 봅니다.

곱이 60이 되는 두 수부터 넣어 봅니다.

❻ 주차

472

벌집셈

● 벌집 안 두 수의 곱을 빈칸에 써넣으시오.

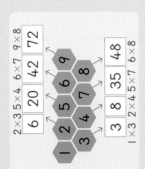

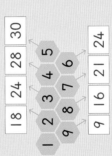

● 두 수의 곱에 맞게 1에서 9까지의 수를 하나씩 벌집 안에 써넣으시오.

곱이 27가 되는 두 수부터 넣어 봅니다.

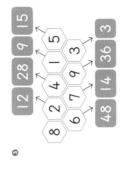

❻ 주차

잘 공부했는지 알아봅시다

월 일

1 2×9와 곱이 같은 곱셈구구를 모두 찾아보시오.

$$3 \times 6, \quad 6 \times 3, \quad 9 \times 2$$

2×9=18이므로 곱이 18인 곱셈구구를 찾습니다.

2 빈칸에 알맞은 수를 써넣어 곱셈표를 완성하시오.

×	①2	6	②7	9
3	6	18	21	27
③8	16	48	56	72
5	10	30	35	45
4	8	24	28	36

① $3 \times \boxed{2} = 6$
② $4 \times \boxed{7} = 28$
③ $\boxed{8} \times 6 = 48$

3 선으로 연결된 두 수의 곱이 아래의 수와 같습니다. 빈칸에 알맞은 수를 써넣으시오.

① $\boxed{8} \times 9 = 72$
② $2 \times \boxed{4} = 8$
③ $2 \times \boxed{2} = 4$
④ $\boxed{3} \times 3 = 9$

473　사다리 타기

● 사다리 타기를 하여 빈칸에 알맞은 수를 써넣으시오.

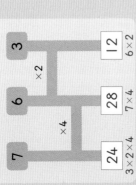

7　6　3
×4　×2
24　28　12
3×2×4　7×4　6×2

① 4　5　9
×2　×8
10　72　64
5×2　9×8　4×2×8

② 2　4　9
×4　×7
16　63　56

③ 3　6　2
×5　×2
20　15　12

④ 8　7　3
×2　×9
54　72　14

⑤ 3　8　4
×3　×7
24　28　63

● 빈칸에 알맞은 수를 써넣으시오.

❻ 3　7　9
×2　×5
14　45　30
7×2　9×5　3×2×5

② 2　4　3
×9　×3
81　18　12

④ 2　5　9
×2　×8
10　72　32

❶ 5　9　4
×8　×2
64　40　18
4×2×8　5×8　9×2

③ 2　8　9
×4　×5
32　45　40

⑤ 7　5　2
×6　×3
36　42　15

P.70 ● P.71

⑦ 주차

474 벤 다이어그램

● 주어진 수 중 각 단의 곱을 그림에 맞게 써넣으시오.

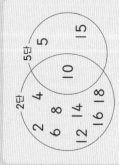

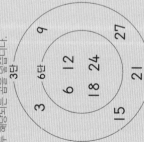

● 주어진 수 중 각 단의 곱을 그림에 맞게 써넣으시오.

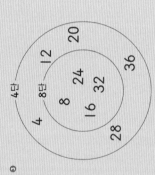

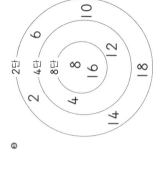

475 연속 벌레셈

● 곱셈식에 맞게 ☐ 안의 수를 하나씩 써넣으시오.

❶ 곱셈식에 맞게 2에서 9까지의 수를 하나씩만 써넣으시오.

7주차

476 모양 개수

● ●의 개수를 구하시오.

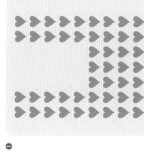

❶
전체 개수 $5 \times 7 = 35$ (개)
의 개수 $3 \times 3 = 9$ (개)
● 의 개수 $35 - 9 = 26$ (개)

❷
전체 개수 $4 \times 8 = 32$ (개)
의 개수 $2 \times 4 = 8$ (개)
● 의 개수 $32 - 8 = 24$ (개)

❸
전체 개수 $6 \times 7 = 42$ (개)
의 개수 $4 \times 3 = 12$ (개)
● 의 개수 $42 - 12 = 30$ (개)

❸
전체 개수 $5 \times 8 = 40$ (개)
의 개수 $4 \times 4 = 16$ (개)
● 의 개수 $40 - 16 = 24$ (개)

❖ 모양의 개수를 구하시오.

❶

$\underset{9 \times 7}{63} - \underset{5 \times 3}{15} = 48$ (개)

❸
$72 - 12 = 60$ (개)

❷
$\underset{8 \times 8}{64} - \underset{5 \times 4}{20} = 44$ (개)

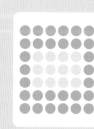

❷
$81 - 20 = 61$ (개)

잘 공부했는지 알아봅시다

1 몇 개입니까? 40개

$6 \times 9 = 54$
$2 \times 7 = 14$
$54 - 14 = 40$

2 다음 곱셈식에 맞게 2에서 9까지의 수를 하나씩만 써넣으시오.

$6 \times 9 = 54$

$5 \times 8 = 40$

$3 \times 4 = 12$

$2 \times 7 = 14$

3 다음 칠해진 곳에 들어갈 수를 모두 쓰시오. 12, 24

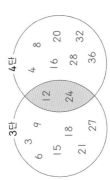

3의 단과 4의 단에
모두 해당되는 곱을
씁니다.

⑧ 주차

477 두루마리

● 조건에 맞는 수를 찾아 ○표 하시오.

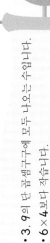

48 24 42 16

• 6의 단 곱셈구구에 나오는 수입니다.
• 숫자 중의 하나는 2입니다.
• 8의 단 곱셈구구에도 나오는 수입니다.

❶

16 18 12 24

• 2, 3의 단 곱셈구구에 모두 나오는 수입니다.
• 4×4보다 작습니다.
• 4의 단 곱셈구구에도 나오는 수입니다.

❷

16 64 40 24

• 8의 단 곱셈구구에 나오는 수입니다.
• 일의 자리 숫자가 4입니다.
• 5×5보다 큽니다.

❖ 조건에 맞는 수를 □ 안에 쓰시오.

9

• 3, 9의 단 곱셈구구에 모두 나오는 수입니다.
• 6×4보다 작습니다.
• 홀수입니다.

❶

20

• 5의 단 곱셈구구에 나오는 수입니다.
• 8×3보다 작습니다.
• 숫자 중의 하나는 2입니다.

❷

16

• 6×6보다 작습니다.
• 같은 두 수를 곱했을 때의 값입니다.
• 짝수인 두 자리 수입니다.

478 합과 곱 수

● 두 수의 합은 위에, 곱은 아래에 써넣으시오.

● 합과 곱에 맞게 두 수를 작은 수부터 써넣으시오.

월 일

⑧ 주차

479 모양셈

● 같은 모양은 같은 수, 다른 모양은 다른 수입니다. 빈칸을 채우시오.

❶
$$7 \times \boxed{9} = 63$$
$$\bigcirc 5 \times 4 = 16 + 4$$
$$\boxed{9} \times \bigcirc 5 = \diamondsuit 45$$

❷
$$5 \times \boxed{9} = 45$$
$$\bigcirc 8 \times 6 = 54 - 6$$
$$\times \boxed{9} \bigcirc 8 = \diamondsuit 72$$

❸
$$\boxed{7} \times 4 = 28$$
$$8 \times \bigcirc 5 = 48 - 8$$
$$\boxed{7} \times \bigcirc 5 = \diamondsuit 35$$

❹
$$3 \times \boxed{8} = 21 + 3$$
$$\bigcirc 5 \times \boxed{8} = 40$$
$$\bigcirc 5 \times \diamondsuit 9 = 45$$

❺
$$\boxed{6} \times 7 = 35 + 7$$
$$\boxed{6} \times \bigcirc 3 = 18$$
$$\bigcirc 3 \times \diamondsuit 8 = 24$$

❻
$$9 \times \boxed{7} = 56$$
$$9 \times \bigcirc 3 = 18 + 9$$
$$\boxed{7} \times \bigcirc 3 = \diamondsuit 21$$

● 가 나타내는 수를 □ 안에 써넣으시오.

❶
$$\spadesuit 7 \times 7 = 49$$
$$8 \times \clubsuit 5 = 32 + 8$$
$$\spadesuit 7 \times \clubsuit 5 = \diamondsuit \;^{35} \boxed{35}$$

❷
$$6 \times \spadesuit 6 = 36$$
$$\spadesuit 6 \times 3 = 21 + 3$$
$$\clubsuit 8 \times \spadesuit 6 = \diamondsuit \;^{48} \boxed{48}$$

❸
$$\spadesuit 5 \times 6 = 30$$
$$7 \times \clubsuit 4 = 35 - 7$$
$$\spadesuit 5 \times \clubsuit 4 = \diamondsuit \;^{20} \boxed{20}$$

❹
$$3 \times \spadesuit 9 = 27$$
$$\clubsuit 8 \times 8 = 32 - 8$$
$$\spadesuit 9 \times \clubsuit 8 = \diamondsuit \;^{27} \boxed{27}$$

❺
$$\spadesuit 7 \times 8 = 48 + 8$$
$$\clubsuit 5 \times 7 = 35$$
$$\spadesuit 7 \times \diamondsuit 8 = 40$$
$$\clubsuit 5 \times \diamondsuit 8 = \boxed{8}$$

❻
$$\spadesuit 9 \times 8 = 72 + 9$$
$$\clubsuit 6 \times 9 = 54$$
$$\clubsuit 6 \times \diamondsuit 7 = 42$$
$$\diamondsuit 7 = \boxed{7}$$

480 연속수

● 1, 2, 3과 같이 연속되어 있는 수를 연속수라 합니다. 연속수의 합을 곱셈을 이용하여 구하시오.

$$5+6+7+8+9=7+7+7+7+7=7\times\boxed{5}=35$$

❶ $1+2+3=2+2+2=2\times\boxed{3}=\boxed{6}$

❷ $5+6+7=6+6+6=\boxed{6}\times3=\boxed{18}$

❸ $1+2+3+4+5=3+3+3+3+3=3\times\boxed{5}=\boxed{15}$

❹ $2+3+4=\boxed{3}\times\boxed{3}=\boxed{9}$

❺ $7+8+9=\boxed{8}\times\boxed{3}=\boxed{24}$

❻ $2+3+4+5+6=\boxed{4}\times\boxed{5}=\boxed{20}$

⊕ 곱셈을 연속수의 합으로 나타내시오.

연속된 홀수 개의 수의 합은 가운데 수의 개수만큼 더하여 구할 수 있습니다. 곱셈식 (가운데 수)×(수의 개수)를 이용하여 구할 수도 있습니다.

$$21=7\times3=7+7+7=\boxed{6}+\boxed{7}+\boxed{8}$$

❶ $12=4\times3=4+4+4=\boxed{3}+\boxed{4}+\boxed{5}$

❷ $24=8\times3=8+8+8=\boxed{7}+\boxed{8}+\boxed{9}$

❸ $30=6\times5=6+6+6+6+6=\boxed{4}+\boxed{5}+\boxed{6}+\boxed{7}+\boxed{8}$

❹ $15=3\times5=3+3+3+3+3=\boxed{1}+\boxed{2}+\boxed{3}+\boxed{4}+\boxed{5}$

❺ $18=6\times3=\boxed{5}+\boxed{6}+\boxed{7}$

❻ $9=3\times3=\boxed{2}+\boxed{3}+\boxed{4}$

잘 공부했는지 알아봅시다

1 다음은 어떤 수인지 구하시오. 21

나는 어떤 수일까요?
- 3의 단 곱셈구구에 나오는 수입니다.
- 2×5와 5×2를 더한 값보다 큽니다.
- 6×4보다 작습니다.

2 숫자 카드 두 장이 있습니다. 카드에 적힌 두 수의 합은 13. 두 수의 곱은 36입니다. 카드에 적힌 두 수를 구하시오. 4, 9

두 수의 곱이 36인 곱셈식은
6×6=36, 4×9=36입니다.
이 중 두 수의 합이 13인 경우는
4×9입니다.

3 달력이 일부입니다. 칠해진 수를 모두 더하면 얼마입니까? 곱셈식으로 나타내시오.

일	월	화	수	목	금	토
					1	2
3	4	5	6	7	8	9
10	11	12	13	14	15	16

식 : ___6×7=42___

(가운데 수)×(수의 개수)
=6×7=42

답 : __42__

NE능률의 모든 교재가 한 곳에 - 엔이 북스

NE_Books

www.nebooks.co.kr ▼

NE능률의 유초등 교재부터 중고생 참고서,
토익·토플 수험서와 일반 영어까지!
PC는 물론 태블릿 PC, 스마트폰으로 언제 어디서나
NE능률의 교재와 다양한 학습 자료를 만나보세요.

✓ 필요한 부가 학습 자료 바로 찾기
✓ 주요 인기 교재들을 한눈에 확인
✓ 나에게 딱 맞는 교재를 찾아주는 스마트 검색
✓ 함께 보면 좋은 교재와 다음 단계 교재 추천
✓ 회원 가입, 교재 후기 작성 등 사이트 활동 시 NE Point 적립

영어교과서 리딩튜터 능률보카 빠른독해 바른독해 수능만만 월등한 개념 수학 토마토TOEIC 토마토 클래스 NE 클래스
NE_Build & Grow NE_Times NE_Kids(굿잡,상상수프) NE_능률 주니어랩 NE 매쓰펀

건강한
배움의 즐거움
NE 능률